AF140045

Für Sigrid und Werner, die mir gegenüber, was ich auch versucht habe, nicht ein einziges Mal Unverständnis gezeigt haben.

Für Natalie, die es irgendwie hinbekommen hat, aus diesem ganzen Mist meine Vergangenheit zu machen.

BERNY KIESEWETTER

FRONTAL

MIT DEM LEBEN ERFOLGREICH AN DIE WAND

2. Auflage 2019

Bibliografische Information der Deutschen Nationalbibliothek:
Die Deutsche Nationalbibliothek verzeichnet diese Publikation in der
Deutschen Nationalbibliografie; detaillierte bibliografische Daten sind im
Internet über http://dnb.dnb.de abrufbar.

© 2019 Berny Kiesewetter
Artwork: Ecki Zeichnet
Herstellung und Verlag: BoD – Books on Demand, Norderstedt

ISBN: 978-3-7322-3443-1

Inhaltsverzeichnis

Vorwort

Liebe Leserinnen und Leser,

kann man von einem Typen, der in seinem bisherigen Leben mehr falsche als richtige Entscheidungen getroffen hat, der mit zwanzig Jahren bereits einen Erfahrungsschatz eines beinahe Vierzigjährigen hatte und die Jugend von heute schon scheiße fand, als er selbst noch dazugehörte, irgendetwas Wichtiges lernen? Vermutlich nicht.

Es sei denn, dieser Typ schreibt ein Buch, in welchem er systematisch erklärt, auf welche Erfahrungen ihr oder eure Liebsten mit bestem Gewissen verzichten könnt.
Ein Buch, welches ihr nun in euren Händen haltet! Ihr Glückspilze!

Das Leben ist eigentlich vorprogrammiert, einen mit voller Wucht gegen die Wand zu führen. Klar, da gibt es diese Glückskinder, bei denen augenscheinlich alles nach Plan lief. Abi gemacht, guten Beruf erlernt, wohlhabenden Partner geheiratet, Haus gekauft, mit dreißig Jahren ein Kind namens Justus bekommen. Doch entweder die verheimlichen euch etwas, oder es hat einfach noch nicht angefangen. Und dann gibt es Leute wie mich, bei denen die Dinge immer grundsätzlich alternativ abliefen. Ich entwickelte bereits in meiner Kindheit einen auffallend differenzierten und distanzierten Blickwinkel auf Dinge, die um mich herum geschahen. Dies ermöglichte mir auf eine merkwürdige Art und Weise, meine Menschenkenntnis sowie vor allem meinen Erfahrungsschatz in rasender Geschwindigkeit weiter auszubauen und ab und zu sogar eine wertvolle Lehre aus meinen Fehltritten zu ziehen. Der Nachteil an der Sache: ich reagierte bisher nur recht selten rational und nachvollziehbar auf Situationen, die mir das Leben bot. Oft ließ ich dabei einfach tatenlos die abgefahrensten, witzigsten, aber auch folgenschwersten Geschehnisse um mich herum passieren und sog dabei lediglich still und heimlich Information und Lebenserfahrung in mir auf, um beim nächsten Mal vorbereitet und schlauer zu sein. Zum Beispiel als ich diesem Mädchen aus der dritten Klasse die Kniescheiben zertrümmerte, oder als dieser schwarze Zuhälter mich beim Sex mit meiner Freundin als Matratze benutzte. Doch dazu kommen wir noch! Mein Glaube an das Gute im Menschen wurde im Laufe der Zeit allerdings so viele Male beschädigt, dass ich mich immer mehr zu einer Art abgestumpftem, aber zufriedenem Misanthropen entwickelte.

Meine Emotionen reduzierten sich dabei irgendwann auf ein absolutes Minimum, was zwar weniger Frustration, Trauer, Angst und Enttäuschung für mich bedeuten sollte, jedoch auch mit sich brachte, dass ich immer weniger Positivität wie Glück, Überraschung, Dankbarkeit oder Vergnügen empfand.
Ich weiß nicht ganz, wo ich ohne diese Abwehrreaktion gelandet wäre. Weiterempfehlen kann und möchte ich das Ganze definitiv nicht, sondern ganz im Ge-

genteil euch, liebe Leserinnen und Leser, dazu einladen, die nun folgenden Auszüge eines erfolgreich an die Wand gefahrenen Lebens auf euch wirken zu lassen, mit mir zu leiden, zu lachen und im besten Falle aus meinen Erlebnissen und Geschichten eure eigenen Lehren für Vergangenheit, Gegenwart und Zukunft zu ziehen.

„Freust du dich schon auf die Schule?" pflegten meine Verwandten zu fragen, als es langsam für mich in Richtung „Ernst des Lebens" ging. Ich gewöhnte mir bald an, diese Frage mit „Ja" zu beantworten, um langweiligen Diskussionen aus dem Weg zu gehen, doch eigentlich ging es mir im Kindergarten ganz gut soweit. Ich hatte mir in der Bananengruppe einen angesehenen Ruf erarbeitet, indem ich dem gemeinsten und dicksten Kind versehentlich beim Rangeln mal eine ziemlich blutige Platzwunde am Kopf verpasst hatte. Somit ließen mich die anderen Kinder immer zuerst auf die Rutsche des Spielplatzes und lediglich die Kletterburg war für mich tabu, seit mir ein Kind der Erdbeergruppe dort oben einst aus Notwehr den Arm gebrochen hatte.

Doch leider hat alles einmal ein Ende und so verschlug es mich schließlich in einen hässlichen grauen Plattenbau, der meine zukünftige Grundschule darstellen sollte. An diesem Tag wurde meine Eignung für die Einschulung getestet und bereits nach kurzer Zeit hatte ich alle mir gestellten Aufgaben bestmöglich gelöst - zumindest dachte ich das. Anderer Meinung waren die beisitzenden Pädagogen, die mich im Anschluss in einem abgedunkelten Nebenzimmer einem Kinderpsychologen vorstellten, der mich schließlich untersuchte. Irgendetwas stimmte mit mir nicht, so viel konnte ich aus diesem eigenartigen Gespräch mit dem fremden Mann mitnehmen und diese

Gewissheit ließ in mir erstmals einen sehr eigenartigen Gemütszustand aufkeimen, welcher für die Dauer meiner Kindheit mein steter Begleiter sein sollte.

Zusammen mit unregelmäßig wiederkehrenden Depressionen, Unsicherheit und Ergotherapien stand er nun also vor der Tür: Der Ernst des Lebens. Wie ich diesen Kerl hasste! Bereits an unserem allerersten Schultag gab man uns eine Hausaufgabe: einen dämlichen Clown auszumalen. Ich entschied mich, diese Hausaufgabe zur Abwechslung auszulassen.

Am zweiten Tag lehrte man uns das Lied „Hurra, ich bin ein Schulkind", einen der widerlichsten Propaganda-Songs aller Zeiten. „Hurra, ich bin ein Schulkind" wurde ziemlich passend auf die Melodie von „Ein Männlein steht im Walde" gesungen und ist in einem solchen Maße vollgestopft mit Lügen und Gehirnwäsche, dass einem die Worte fehlen: *Hurra, ich bin ein Schulkind und nicht mehr klein, geh' jeden Tag zur Schule, das find ich fein. In der Schule lernen wir, uns gefällt's schon lange hier, und alle neuen Schüler begrüßen wir.*
Okay, ein „Schulkind" war ich nun tatsächlich - ein Punkt für den Komponisten, aber einen Grund, diese Tatsache mit einem lauten und kräftigen „Hurra!" zu bejubeln, hatte ich persönlich deshalb noch lange nicht. Und nur weil ich nun eine Lehranstalt besuchte, hatte das nicht zu bedeuten, dass ich nun automatisch von der Gesellschaft als jemand „Großes" wahrgenommen würde. „Jeden Tag zur Schule zu gehen" würde mit hoher Wahrscheinlichkeit einigen Grund-

rechten und Jugendschutzgesetzen widersprechen und „fein gefunden" hätte das definitiv niemand der Beteiligten. „Gelernt" hatte ich bisher lediglich, was „Hass" bedeutete und „gefallen" tat mir nur die Schulglocke, wenn ich diesen Ort „hier" endlich verlassen konnte. Ach, und „begrüßt" hatte mich als „neuen Schüler" bisher keiner der Anderen angemessen. Ich weigerte mich entschieden, diesen Schund mitzusingen!

Es dauerte nicht lange, da diagnostizierte mir ein Kinderarzt ADHS und verschrieb mir Ritalin. Zugegeben, das Zeug half mir tatsächlich erschreckend effektiv bei der Konzentration, doch brachte es mich nicht davon ab, meine noch recht junge Klassenlehrerin Frau Clemens mit meiner Hyperaktivität immer wieder zur Verzweiflung bis hin zum Heulkrampf zu treiben. Dass ich Tabletten benötigte, um mit meinen Klassenkameraden mithalten zu können, kratzte allerdings ziemlich an meinem kleinen Kinder-Ego. Auch die verständnislosen Blicke der anderen Eltern, wenn ich irgendetwas vermeintlich Merkwürdiges tat oder sagte, waren nicht gerade hilfreich. Viele der Erwachsenen aus meinem näheren Umfeld kamen immer wieder mit neuen Ideen an, wie man an dieses Kind herankäme und so durchlief ich viele erfolglose Versuche von vielen besorgt dreinblickenden Menschen, mich zu zähmen. Sport im Wohnzimmer bei lockerer Musik, vertrauenserweckende Gespräche auf Augenhöhe in erzwungener Jugendsprache oder Bilder, die ich von Bäumen malen sollte und die anschließend meine Psyche spiegeln würden.

„Na, wie wärs? Zeichne doch mal ein Bild von einem Baum, mit Ästen, Blättern, Wurzeln und allem was dazugehört!", bat mich die Nachbarin, die nicht nur die Mutter meiner Klassenkameradin, sondern zufällig auch Psychotherapeutin war.

So malte Klein-Berny also einen Baum. Normaler Stamm, oben was Grünes mit roten Äpfeln und da ich Wurzeln zeichnen sollte, man diese allerdings normalerweise ja nicht sieht, da sie in der Erde stecken, ließ ich ein paar von ihnen aus der Erde herausragen. Die erfreuliche Diagnose: Ich stehe schon fest im Leben (normaler Baumstamm) und habe viele Talente (grüne Blätter mit reifen Äpfeln), aber bin mir meiner Sache noch sehr unsicher (aus der Erde ragende Wurzeln). Erleichtert umarmte man mich. Ich hatte einen stinknormalen VERFICKTEN Baum gezeichnet und mir dabei weder bewusst noch unbewusst irgendetwas gedacht. Ich weiß, man wollte natürlich nur mein Bestes, aber da sonst keiner meiner Altersgenossen jemals Psychobäume zeichnen musste, war das Einzige, was bei den vielen sinnlosen Prozeduren hängenblieb die immer weiter wachsende Gewissheit, dass ich nicht einmal ansatzweise so war, wie man mich gerne hätte.

Angesagt waren bei den Jungs in meinem Alter damals Videospiele auf der Super Nintendo, die Kinderzeitschrift „Limit" und die Teenage Mutant Ninja Turtles.

Doch das alles war nichts für mich, beschlossen meine Eltern, das hätte meine Auffälligkeiten bestimmt nur verstärkt.

„Hey jetzt kommen die Hero Turtles!
Superstarke Hero Turtles!
Jeder, außer Berny, kennt die Hero Turtles!
Immer auf der Lauer!"
Während sich meine Generation in der Schule also über Dinge unterhielt, bei denen ich nicht mitreden konnte und ich somit selbst hier außen vor war, schenkte man mir zu Weihnachten nicht die neuerschienene Sony Playstation, sondern ein Schlagzeug zum täglichen Üben und Abreagieren. Ich war mittlerweile sieben Jahre alt und hasste mein Leben.

In der dritten Klasse übernahm der Schulrektor, Herr Kaltwasser, unsere Klassenleitung. Er war der erste Mensch, dem ich jemals ernstgemeint den Tod wünschte. Herr Kaltwasser war buchstäblich von der „Alten Schule" und sympathisierte dementsprechend mit deren Lehrmethoden wie Demütigung und Züchtigung. So trafen mich und Andere des Öfteren zusammengerollte Hefte oder Lineale auf den Fingern und manchmal auch Fingerknöchel auf dem Kopf. Dass man die Prügelstrafe bereits seit den Siebzigern aus den Schulen verbannt hatte, war uns nicht bewusst und Herrn Kaltwasser egal. Da war diese eine Klassenkameradin, die er noch mehr verachtete als mich. Sie stand bereits seit einer halben Stunde in einer Ecke unseres Klassenzimmers, weil sie ihre Hausaufgaben nicht gemacht hatte. Das Mädchen musste wirklich dringend auf die Toilette. Doch anstatt ihr den Klogang zu genehmigen, amüsierte sich Herr Kaltwasser köstlich darüber, wie sie mit den Händen im Schritt von einem Bein auf das Andere trat. Ach, und dann und wann ging er gerne mal mit meinen Eltern sowie meiner Nachbarin und Psychotherapeutin ins Theater. Als ich das eines Abends herausfand, sprangen die restlichen Wurzeln meines Psychobaumes aus der Erde, sämtliche Äpfel fielen gleichzeitig zu Boden, das Holz meines Stammes starb eines grausamen qualvollen Todes und zerbarst.

In meinen ersten drei Schuljahren hatte ich mich also nicht so wirklich mit Ruhm bekleckert, doch das alles sollte mit Beginn der vierten Klasse enden! Unsere neue Klassenlehrerin, Frau Rose, war eine wundervolle, positive und einfühlsame Dame, die uns als das behandelte, was wir nun einmal waren: Kinder. Ich vergötterte diese Frau und sie zu enttäuschen hätte mir das Herz gebrochen, also gab ich mir die größte Mühe, sie mit meinem Verhalten und den schulischen Leistungen zu beeindrucken. Einige Wochen funktionierte das auch ganz gut, bis mir eines Tages in der großen Pause ein freches Mädchen aus der Jahrgangsstufe unter mir den Eingang zur Schule versperrte. Ich drückte sie mit meinem Körpergewicht an den Schultern nach unten, um über sie drüberzusteigen, woraufhin sie einknickte und mit voller Wucht mit ihren Knien auf den metallenen Fußabstreifer knallte. Ihre Kniescheiben zersplitterten, alle schrien, weinten und rannten durcheinander, zeigen mit den Fingern auf mich, ein Krankenwagen wurde gerufen und Frau Rose war unsagbar enttäuscht. Hah. Das ging schnell.

Hurra! Ich bin ein Schulkind.

Ein bisschen Spaß muss sein!

Seit bereits vielen Jahren nutze ich meinen Fernseher nicht mehr zum Fernsehen im herkömmlichen Sinne. Dieses typische „Glotze an, zappen, hängenbleiben, berieseln lassen bis ich mit dem Gefühl, aufgrund der Stimmen im Raum nicht einsam zu sein, einschlafe" war noch nie mein Fall. Mit der Zeit wurde dann die Werbung immer lästiger und die Sendungen immer schlechter. Wenn mich heutzutage ein Film interessiert, benutze ich ein Medium, welches diesen unzensiert, unverfälscht und in bestmöglicher Form wiedergibt. Ohne Handlungsstraffungen, ohne Gewaltkürzungen, ohne Werbepause. Und man will es nicht glauben, wie toll es ist, beim Thema „Kennst du diese eine doofe Werbung..." NICHT mitreden zu können.

Früher war das natürlich noch anders: Da habe ich mich als Kind am Wochenende frühestmöglich vor die Glotze gesetzt und das legendäre „Lass deine Eltern weiterschlafen"-Kinderprogramm genossen. Da Mitte der Neunziger das Internet noch nicht so weit fortgeschritten war wie es heute ist, hat man anno dazumal noch etwas exzessiver den Videotext genutzt. Man bekam in kurzen Zusammenfassungen die Nachrichten, aktuelle Umfragen, den neusten Promi - Klatsch und Tratsch und jede Menge Werbung zum Zeitvertreib während der schon damals lästigen Werbepausen.

Als ich mich also eines schönen Wochenendmorgens mit einer Schüssel Cornflakes im 30 Zentimeter-Abstand vor den Fernseher setzte und in der Werbe-unterbrechung den Videotext durchwühlte, stieß ich auf eine Anzeige, welche mir viel Lust und Spaß auf Videotextseite 666 versprach. Ich war 8 Jahre alt und hatte dementsprechend viel Lust auf Spaß. Also wähl-te ich ohne Umschweife die Videotextseite 666, auf welcher mir viele einfach zu merkende Telefonnum-mern angeboten wurden, unter denen ich für ein paar Mark pro Minute mit netten reifen Damen spre-chen könne, um mit ihnen Spaß zu haben. Auch das klang für mein achtjähriges Ich ziemlich ansprechend. Ich hatte aufgrund meiner Hyperaktivität nicht allzu viele Freunde zum Zeitvertreib, Videospiele waren in meinem Elternhaus nach wie vor tabu und die aktuell laufende Folge von *Käpt'n Balu und seiner tollkühnen Crew* kannte ich bereits. Kurz: Ich war sowas von be-reit für Telefonspaß mit netten reifen Damen!

Ich suchte mir aus der Liste der Mädchen diejenige aus, deren Namen mir am besten gefiel, wählte kur-zerhand die Nummer in den Hörer und ohne einmal zu läuten ging es in Rekordzeit los!

„Hallooo mein starker Held, schön dass du anrufst!", stöhnte mir eine überraschend unspaßig klingende Frauenstimme ins Ohr.
Ohne eine Antwort von mir abzuwarten, fuhr sie fort: „Wie wäre es, wenn ich mir zum Anfang ein bisschen an meiner kleinen rasierten Möse spiele? Nur für dich, mein Süßer…".

Ich war starr vor Schock. Ich weiß nicht mehr genau was ich eigentlich erwartet hatte. Vermutlich, dass mir ein paar Kinderlieder vorgespielt werden, oder mir irgendjemand eine schöne Geschichte vorliest. Stattdessen erzählte mir gerade eine laute aufdringliche Frauenstimme detailliert, wie feucht ihre Muschi bereits sei und dass sie sich gerne dort etwas hineinstecken würde.

Ich musste mich verwählt haben, denn ich hatte keinen Spaß. Ich hatte das genaue Gegenteil von Spaß. Ich war verwirrt, angeekelt und ich hatte Angst. Ich legte also auf und nach kurzer Überlegung, wie ich mich von meinen unschönen Gefühlen, die ich gerade nicht genau einordnen konnte, ablenken könnte, wählte ich eine andere der angezeigten Nummern. Spaß war jetzt das einzig Richtige für mich, um diesen Schock überwinden zu können.

Diesmal ging es gleich in die Vollen. Ohne mich zu Beginn des Gespräches zu begrüßen oder sich vorzustellen plärrte mir eine Frau lauthals ins Ohr „OHHHH, OOOOHHHH! ICH STÖHNE BIS DU KOMMST!! OOOOHHHH!!!! JAAAAHHHHH!!!!". Welchem Zweck das Stöhnen in der Erwachsenenwelt in einem bestimmten Kontext diente, war mir zu diesem Zeitpunkt sogar ganz oberflächlich bereits durch die Erzählungen des älteren Nachbarsjungen bewusst. Aber „bis ich komme"? Wohin sollte ich kommen? Etwa zu der Frau, welche mich gerade - genau wie ihre Vorgängerin - zu Tode ängstigte? Nicht in diesem Leben! Ich legte sofort wieder auf und fing an, bitterlich zu weinen. Aus Angst, aufgrund der anfallenden Anrufgebühren geschimpft zu werden, traute ich mich nicht, meinen mittlerweile wachen Eltern davon zu erzählen. Eigentlich schade, ich wette, die hätten den Lachanfall ihres Lebens gehabt, wenn ihr schluchzender Sohn ihnen heulend und verängstigt erzählt hätte, dass er doch einfach nur Spaß haben wollte.

Was ich jedoch am meisten an dieser Geschichte bedauere ist, dass ich das Gespräch zwischen meiner Mutter und meinem Vater verpasst habe, in dem es um die Gebührenabrechnung des vergangenen Monats ging und warum wir mehrere Anrufe zu einer schmuddeligen 0190-Nummer auf der Anrufliste haben. Wie er aus der Nummer wieder rausgekommen ist, wüsste ich zu gerne!

Mein erster Liebesbrief

Im Jahre 1999 geschahen eigentlich viele tolle Dinge. Johannes Rau wurde zum Bundespräsidenten gewählt, Rammstein veröffentlichten ihr erstes Live-Album, der Euro wurde in elf Staaten der EU als Buchgeld eingeführt und außerdem wurde meinem Vater von einem Krankenhaus in einer mittelfränkischen Kleinstadt eine Stelle als Oberarzt angeboten. Das würde eine saftige Gehaltserhöhung und die Chance auf weitere Aufstiegsmöglichkeiten mit sich bringen.

Sehr viel Mitspracherecht hatten mein drei Jahre jüngerer Bruder und ich in dieser Angelegenheit leider nicht. Also kauften unsere Eltern ein Grundstück in einem gehobenen Viertel und bauten ein wunderschönes Haus für uns alle.

Im darauf folgenden Jahr erfolgte dann Anfang der Sommerferien der Auszug aus meiner geliebten Heimatstadt. Meine Freunde, meine Schule, mein gesamtes gewohntes Umfeld aufzugeben fiel mir unsagbar schwer.

Die Kinder in der neuen Stadt verhielten sich auf eine merkwürdige Art und Weise völlig anders als meine vorherigen Altersgenossen. Umso schwerer fiel es meinem Bruder und viel mehr mir, neue Freundschaften zu knüpfen. Als das Schuljahr begann, sollte sich sehr bald zeigen, wer von uns beiden der Kontaktfreudigere war. Vielleicht lag es auch daran, dass Martin gerade mal in die vierte Klasse kam, während es bei mir eine sehr unglücklich zusammengewürfelte siebte Klasse einer Hauptschule war. Auf jeden Fall wollte es mir im Gegensatz zu ihm einfach nicht gelingen, auch nur einen Menschen zu finden, der mich leiden konnte. Zumindest kam mir das so vor, als mir von vier verschiedenen Mitschülern vor meinen Augen das Federmäppchen erstaunlich koordiniert entleert wurde, als meine Büchertasche in der großen Pause aus dem Klassenzimmer verschwand, als ich mein Fahrrad zum fünften Mal mit aufgeschnittenen Reifen nach Hause schieben musste oder als mir die gutaussehende Blondine aus der letzten Reihe mitteilte, dass ich ein hässliches Stück Scheiße sei und mich niemand leiden könne.

Ich begann zu dieser Zeit, größtenteils Death Metal und Punk zu hören, sah mir nachts heimlich gewalttätige Filme im TV an und wurde von meinen Mitschülern ziemlich bösartig gemobbt. Beste Voraussetzungen für einen Amoklauf, der sich gewaschen hätte.

Doch es sollte aufwärts gehen. Ich sollte tatsächlich einen Freund finden, und zwar den zwei Jahre älteren Nachbarsjungen von schräg gegenüber. Fabian hatte eine erfrischend offene und fröhliche Art. Wir fuhren mit den Fahrrädern durch die Stadt, wir hörten bei ihm zusammen Musik, traten gemeinsam der Schulband bei und manchmal übernachtete er auch bei mir.

Wenn er bei mir schlief, aßen wir immer ganz viel Chips und tranken Orangensaft und lachten bis spät in die Nacht heimlich über die anderen Idioten aus der Schule, die ihn als schwul und mich als Bonzen beschimpften. Wenn wir dann doch müde wurden, legte ich mich in mein Bett und er bekam die Matratze, die ich für ihn daneben platzierte. Vor unserer ersten gemeinsamen Nacht warnte er mich bereits vor, dass er wohl einen recht unruhigen Schlaf habe und manchmal etwas mit seinen Armen und Beinen zucken würde. Er hatte nicht gelogen - es kam tatsächlich jedes Mal vor, dass sein ekliges, nacktes, haariges Männerbein sich irgendwann unter meiner Decke wiederfand und sich an meinem rieb. In einer kindlichen Naivität schubste ich es dann, ohne mir mehr dabei zu denken, wieder auf seine Seite zurück und meistens war dann auch Ruhe.

Als ich dann irgendwann zum ersten Mal bei ihm übernachten sollte, sprang er bereits seit Stunden unruhig wie auf heißen Kohlen in seinem Zimmer hin und her. Als er mir dann irgendwann einen abgegriffenen Zettel in die Hand drückte, wie von der Tarantel gestochen aus dem Zimmer rannte und sich im gegenüberliegenden Badezimmer einschloss, sollte in einer Minute meine Kindheit endgültig für immer beendet werden. Der ungefähre Wortlaut war wie folgt:

Lieber Berny,

ich finde, du hast einen sehr schönen Körper und ich fühle mich schon seit Längerem zu dir hingezogen. Ich weiß nicht, wie du darüber denkst. Aber ich finde, das was wir haben, ist mehr als eine normale Freundschaft. Und darum frage ich dich:
Willst du mit mir gehen?

O Ja   O Nein   O Vielleicht

Dein Fabi

Das war er also, der erste Liebesbrief meines Lebens. Diesen Moment hatte ich mir irgendwie völlig anders vorgestellt.

Ich hatte nie den Gedanken, dass Homosexualität etwas Verwerfliches sei. Im Gegenteil!

Liebe schwule Männer, seid so schwul wie ihr wollt! Fühlt euch immer frei, zu tun wonach euch der Sinn steht. Ich bitte sogar darum! Je mehr Männer schwul werden, umso mehr Frauen bleiben für mich! Ich wünsche jedem von euch ein sorgenfreies Leben. Voller Liebe, fernab von Verfolgung, Vorurteilen und Verurteilung. Ganz ehrlich.

Aber verdammt, ich war zu dem Zeitpunkt 12 Jahre alt, ich stand ja noch nicht einmal auf Frauen! Ich hatte eine Schublade voller Transformers- und Batman-Action Figuren in meinem Zimmer, ein Poster von Homer Simpson und irgendwo in meiner CD Sammlung befanden sich sogar noch die Tekkno-Schlümpfe!

Da sich Fabian nach wie vor im Bad befand und darauf wartete, dass ich ihm den Brief mit einer angekreuzten Antwort unter der Tür durchschob, merkte er es auch nicht, wie ich mir meine Jacke und Schuhe anzog und mich schnellstmöglich auf den Nachhauseweg machte.

In meinem Zimmer schmiss ich mich aufs Bett und weinte bitterlich. Ich hatte heute den einzigen Freund verloren, den ich in dieser furchtbaren Stadt hatte. Wer hätte gedacht, dass diese Arschlöcher, die mich einen Bonzen und ihn eine Schwuchtel nannten, am Ende tatsächlich Recht behalten sollten? Ja, ich wohnte in einem recht teuren Haus und Fabian war schwul wie Elton John.

Wir gingen uns seitdem in der Schule so gut es ging aus dem Weg und wechselten nie wieder ein Wort miteinander.

Das hing vermutlich auch damit zusammen, dass ich, als ich an besagtem Abend sein Haus verließ, beim Gehen den Brief im Wohnzimmer seinen Eltern auf den Tisch legte und mich höflich für immer von ihnen verabschiedete.

Ich frage mich, wann er wohl aus dem Badezimmer wieder herausgekommen ist.

Der Verrat an Marius Weisner

Zum ersten Mal in meinem Leben dachte ich mir „Scheiß auf Freundschaft!" und es sollte nicht das letzte Mal gewesen sein. Also konzentrierte ich mich auf die Schule und vor allem darauf, von dieser wegzukommen. Wie ich herausfinden musste, sind Menschen, die in der siebten Klasse einer Hauptschule überdurchschnittlich gute Noten schreiben, nicht gerade hoch angesehen. Da ich das mit dem Freunde Finden sowieso bereits abgehakt hatte, störten mich die Sticheleien, Morddrohungen, Zettel mit Schimpfwörtern auf meinem Rücken oder Spucke in meinem Gesicht nicht allzu sehr. Und dann gab es diesen einen Typen in meiner Klasse, der es noch schwerer hatte als ich. Marius Weisner war innerlich noch nicht ganz so tot und litt ganz offensichtlich sehr unter dem Spott seiner Mitschüler. Er war ein sehr ruhiger und schmächtiger Kerl. Seine blonden mittellangen Haare standen in alle Richtungen ab und sein Mund war stets leicht geöffnet, was seine Zahnspange zum Vorschein brachte, die das Bild des Opfers für perspektivenlose zukünftige Hartz 4 Empfänger perfekt abrundete. Da man uns definitiv als Leidensgenossen betrachten konnte, setzten wir uns schließlich ohne dabei viele Worte zu wechseln an einen gemeinsamen Tisch und brachten diese Zeit irgendwie hinter uns. Und tatsächlich: am Ende des Schuljahres entsprach unser Notendurchschnitt quasi der Anzahl unserer Freunde, was „sehr gut" war!

Sehr gut war außerdem, dass uns dieser Notendurchschnitt den Weg zur Realschule und somit die Flucht vom menschlichen Bodensatz unserer Generation ermöglichte. Dachten wir zumindest. Als das neue Schuljahr begann und mein treuer Leidensgenosse und ich uns aufgeregt in unserer neuen Klasse trafen, wurde unsere Freude im Keim erstickt, als Marius von Pascal, dem Alphamännchen unserer Mitschüler, mit einer Nackenschelle begrüßt wurde, deren Knall bis in den Keller hallte. Die erste Stunde hatte noch nicht einmal angefangen. Sahen wir wirklich so offensichtlich nach Losern aus? „Hey, ihr Klassenstreber", rief Antonia, die Sexbombe aus den hinteren Reihen, „solche Typen wir ihr wissen doch bestimmt schon, wie unser Klassenlehrer heißt, oder?". Traurigerweise wussten wir es tatsächlich: Schuberl. Der Mann hieß Schuberl.

Nun stand ich vor einem Scheideweg. Ich könnte die nun folgenden Jahre meines Lebens natürlich weiterhin so verbringen wie bisher: Kopf einziehen, unauffällig bleiben, mich mit mir selbst begnügen. Irgendwann vielleicht mal ein Tier quälen und dabei Genugtuung empfinden. Ich entschied mich dagegen, denn ich wurde nun mal nicht jünger. Mein Körper veränderte sich, Mädchen fand ich plötzlich nicht mehr ganz so doof wie bisher, die anderen Jungs aus der Klasse schienen eine ziemlich witzige Zeit miteinander zu haben und Marius Weisner war nun mal…
…Marius Weisner. Ich distanzierte mich langsam mehr und mehr von ihm, und je weniger ich ihn verteidigte, wenn andere auf ihm herumhackten, desto

mehr wurde ich wiederum von Pascal, unserem Al-phamännchen, anerkannt. Irgendwann war es dann soweit, dass ich mich aktiv am Mobbing beteiligte. Da wurde mal nebenbei Marius' Tisch umgeworfen, Papierkügelchen geschmissen oder in seine Hefte gekritzelt, bis ich schließlich sogar anfing, eine kleine Videokamera mit in den Unterricht zu nehmen und mit meinen neuen Kumpanen in der großen Pause hinter ihm herzurennen und ihn als „Mongo" zu beschimpfen. Diese Aktionen ließen mich schließlich in der Achtung von Pascal so sehr steigen, dass wir so etwas wie beste Freunde wurden. Passi genoss hohe Beliebtheit bei den Mädels, sah ziemlich gut aus, war stets beeindruckend lässig gekleidet und trug ernstzunehmende Aggressionen in sich, die sich wirklich mal jemand hätte ansehen sollen. Regelmäßig begab er sich mit voller Absicht in Situationen, die in Schlägereien endeten oder uns dann und wann auch mal in größere Schwierigkeiten brachten. Fremde, oft auch Freunde, dann und wann sogar ich selbst, bekamen einfach mal so mit voller Wucht seine Faust ins Gesicht. Dieser Typ jagte mir manchmal wirklich eine Scheißangst ein. Mein Leben wurde mit ihm demnach auf keinen Fall einfacher - und doch angenehmer, da ich mit ihm an meiner Seite in der Rangliste der Schüler spürbar nach oben gerutscht war.

Unangenehmer hingegen wurde das Leben von Marius Weisner, der mittlerweile unter den Mobbingattacken von beinahe jedem seiner Mitschüler mehr und mehr zu leiden hatte. Das alles nahm seinen traurigen Höhepunkt, als Pascal offensichtlich mal einen besonders schlechten Tag hatte. Der Gong ertönte, der Schultag war für heute zu Ende und wir packten unsere Sachen. Auf dem Weg nach draußen sollte Marius heute eine Tortur durchleben, die er vermutlich nie wieder vergessen wird, denn Passi stürmte wutentbrannt hinter ihm her. Während Marius konsequent weiter in Richtung Ausgang lief, wurde er nach allen Regeln der Kunst vermöbelt. Schläge, Tritte und die bösartigsten Beschimpfungen trafen ihn von allen Seiten. Aufgeschreckt von dieser Darbietung, bildete sich schnell um die beiden eine Traube von Mitschülern aller Klassen, die der eher einseitigen Schlägerei beiwohnen wollten. Und so setzte sich sein Leidensweg über den gesamten Pausenhof, über den Ausgang des Schulareales, über die Straße bis hin zum Kombi seiner Mutter fort. Und als Marius schließlich im Auto neben seiner schockierten Mutter saß, die bereits den Motor gestartet hatte, öffnete Passi zum Abschied noch einmal rotzfrech die Beifahrertüre, um Marius noch einen allerletzten Faustschlag ins Gesicht zu verpassen, begleitet von einem abfälligen „Bis morgen, du Arschloch!" und dem beeindruckten Johlen aller Anwesenden, inklusive mir. Mit quietschenden Reifen brausten Marius und seine Mutter davon und unsere Blicke trafen sich noch einmal für den Bruchteil einer Sekunde. Ich wusste in diesem Moment ganz genau, was für ein verdammter Verräter ich war. Was für ein rückgratloses Würstchen. Ich war mir dessen eigentlich bereits von Anfang an bewusst. Und hätte ich damals das Selbstvertrauen, die Erfahrung, das Durchsetzungsvermögen und den Abstand zur Allgemeinheit innegehabt, wie ich ihn

heute habe, wäre ich zweifelsohne dazwischen gegangen.

Doch alles, was für mich zählte, war, dazuzugehören,
und es war mir dabei völlig egal, wovon genau ich da
ein Teil war, solange es nur das war, was von der
Mehrheit angenommen wurde. Dass ich selbst ein
ganzes Jahr zuvor unter Mobbing in allen möglichen
Facetten gelitten hatte und ganz genau wusste wie
sich das anfühlt, dass es eigentlich überhaupt nicht
meine Art war, Andere herunterzumachen oder dass
ich ohne Frage in einer völlig anderen Welt als Passi
und der Rest lebte, spielte absolut keine Rolle. Ich
gehörte endlich irgendwo dazu.

Nach 13 Jahren meiner Existenz begann etwas Böses in mir zu erwachen. Dies begann sich zu Anfang in Form von Achsel-, Brust und Schamhaaren zu manifestieren, später folgte dann natürlich die allseits bekannte Morgenlatte, der erste versehentliche Samenerguss während des Schlafens - und um das Wichtigste nicht auszulassen: der erste ABSICHTLICHE Samenerguss. Nie werde ich diesen wunderschön überzeichneten und bodenlos abgedrehten „Hentai" vergessen, welcher mir von einem Klassenkameraden auf einer selbstgebrannten CD-ROM geliehen wurde und mein Leben für immer verändern sollte.

Meine kurz andauernde Faszination für besagte Hentais sollte mir übrigens eines furchtbaren Tages zum Verhängnis werden. Zum besseren Verständnis versuche ich kurz zusammenzufassen, was einen Hentai darstellt, um euch davon abzuhalten, vom Glauben abzufallen. Vertraut mir: Wenn ihr nicht wisst, was ein Hentai ist, dann googelt es auch nicht. Ihr wurdet gewarnt. Ein Hentai ist vergleichbar mit einem Anime, einem japanischen Zeichentrickfilm. Mit dem Unterschied, dass es hier sexuell ziemlich zur Sache geht. Meist gipfelt das Ganze in Szenen, in denen ein jugendliches Mädchen, wunderhübsch und makellos, mit weit aufgerissenen Augen und Brüsten, die mindestens so groß wie ihr Kopf sind, von Tentakeln eines Monsters, Mutanten oder einfach eines Oktopusses gegen ihren Willen beglückt wird. „Vergewohltätigt" nannten wir das in der Schule. 13jährige Jungs stehen auf sowas. Zumindest hoffe ich, dass ich nicht der einzige war!

Hatte ich zuhause etwas falsch oder einfach gar nicht gemacht, dann hagelte es Computerverbot. Dieses Computerverbot bestand auch, als unsere tschechische Haushaltshilfe damals in mein Zimmer stürmte um mich vorzuwarnen, dass mein Vater im Begriff sei, nach Hause zu kommen. Blöderweise war ich in diesem Augenblick - man kann es sich vermutlich bereits denken - in einen Hentai vertieft. Die Heldin und ihre Schwestern mussten sich gerade durch einen Orgasmus aus den penetrierenden Tentakel-Fesseln der einäugigen Zyklopen befreien, die in ihr Königreich eingedrungen waren.
Ich habe Natashka nie wieder in die Augen gesehen.

Zurück zum eigentlichen Thema.
Ich war nie ein besonders hipper, cooler Jugendlicher. Irgendwie fand ich nie so ganz heraus, wie das alles funktionierte, und wo diese ganzen Trends herkamen. Ich war einer dieser Jungs, die noch mit SCOUT-Ranzen zur Schule kamen, als alle anderen bereits auf EASTPACK umgestiegen waren. Einer dieser Jungs, die Geld für ein T Shirt ausgaben, weil darauf ein Totenkopf oder eine coole Fischgräte prangte, während der Rest eher nach Marke kaufte. Meine Pubertät wurde neben Pickeln, Pornos und Stimmungsschwankungen von Metal, Punk und Rock 'n Roll begleitet. Das machte mich bei meinen Mitmenschen zwar auch nicht unbedingt beliebter, doch begann ich genau

dadurch zu realisieren, dass ich es irgendwie genoss, nicht zum Durchschnitt meiner Generation zu gehören.

Um mich mehr mit meinem neuen Lebensweg zu identifizieren, beschloss ich, mein Äußeres dementsprechend anzupassen. Ich entschied mich dazu, mir die Haare knallrot zu färben, so wie sie Farin Urlaub, der Sänger der Band „Die Ärzte", in einem ihrer früheren Musikvideos trug.

Ich kaufte mir also von meinem Taschengeld im Supermarkt um die Ecke die billigste Packung roten Färbemittels, die ich finden konnte und begann zuhause im Badezimmer, welches ich mit meinem Bruder teilte, mir das Zeug in die Haare zu schmieren. Das Ergebnis war toll, absolut überragend - meine Eltern würden ausrasten! Sie würden mich als den Rebell wahrnehmen, der ich mein ganzes Leben im Inneren gewesen war und sich sagen *„Der Kerl ist wirklich erwachsen geworden und wir sind übrigens blöd und alles was wir machen, tun wir nur, um unserem Sohn das Leben zur Hölle zu machen. Und jetzt gehen wir ins Bett und haben keinen Sex, Eltern tun so etwas nämlich nicht, aber unser Sohn, der wird mal ganz viel Sex haben! Wenn die frühreifen Mädchen in seiner Klasse, die alle jetzt gerade Titten bekommen und BHs tragen, erst einmal merken, wie lässig er mit seinen roten Haaren ist! Und sie werden ihn auch nicht „Pumuckl" nennen oder ihn auslachen, weil er einen unübersehbaren roten Farbfleck an seiner Stirn einfach nicht mehr wegbekommen hat!".*

Als mein Vater an diesem Nachmittag unser Badezimmer inspizierte, sank seine Laune von „Mies, weil sein erstgeborener Sohn pubertiert" zu „Noch mieser, weil sein Bad aussieht wie eine Metzgerei".

Wir hatten den wahrscheinlich dümmsten Streit aller Zeiten und ich gab ihm eine so dermaßen bescheuerte Antwort, dass mein Vater mir im Gegenzug eine ordentliche Backpfeife gab und mein Bruder, der nebenan in seinem Zimmer alles mithörte, für 15 Minuten in ein schallendes Gelächter ausbrach:

- *„WAS IST DENN DAS HIER ÜBERALL?!!"*
- *„FARBE!"*
- *„WAS DENN BITTE FÜR EINE FARBE?!"*
- *„ROT!"*

Sehr zum Leidwesen meiner Mutter, welche mich stets gelehrt hatte, vor allen Menschen jeder Herkunft oder Religion dieselbe Achtung und denselben Respekt zu haben, hatte ich für eine Weile eine rechte Phase. Das Ganze nahm seinen Anfang zur der Zeit, als ich die achte Klasse der örtlichen Realschule besuchte und wir einen Ausflug in den Zoo machten. Passi, der übrigens polnische Eltern hatte, und ich beobachteten dort eine Gruppe von drei gleichaltrigen Türken, welche zwei Mädels drangsalierten. Man sah Passi richtig an, wie er genussvoll den Geruch von sich anbahnendem Ärger in sich aufnahm und so nutzte er sogleich seine Chance. Wie man es aus der Tierwelt kennt, machte er sich groß und breit und ging, natürlich mit mir im Schlepptau, auf die türkischen Jungs zu, um einen Streit vom Zaun zu brechen.

Aus grenzenloser Dummheit hatte ich mir an besagtem Tag, um ein bisschen anzugeben, das große, gezackte, wirklich böse aussehende Jagdmesser meines Vaters mit in den Rucksack gepackt.

Als Passi die Jungs anpöbelte, diese dann ziemlich schnell an die Decke gingen und natürlich dagegen pöbelten, hielt ich es für einen geeigneten Zeitpunkt, besagtes Messer aus dem Rucksack zu holen und dieses dann mit dem Satz „Na, was fange ich denn jetzt hiermit an?" vor den verdutzten Gesichtern unserer südländisch aussehenden Gegner zu schwingen. Die Mädels, welche wir mit der Aktion eigentlich heldenhaft zu retten gedachten, waren mittlerweile schon längst weg. So undurchdacht meine Aktion mit dem Messer auch war und so wenig ernst ich sie auch meinte: die Jungs sahen darin so etwas wie eine Kriegserklärung und so fand ich mich in meiner ersten richtigen Schlägerei wieder. Wir suchten uns einen abgelegenen Ort, an dem sich nicht so viele Menschen befanden, anschließend wurden von der Gegenseite die Regeln festgelegt. Eins gegen eins, keiner bekommt Hilfe und man riet mir, meine Brille vorher abzunehmen. „Und keine Rambo-Messer!", fügten sie hinzu.

Ich stellte mich also meinem grimmig dreinschauenden Kontrahenten gegenüber und kam mir ziemlich bescheuert vor. Die Schlägereien in Filmen sahen immer irgendwie spektakulärer aus und den Grund für meine Situation hatte ich auch immer noch nicht so ganz verstanden. Es ging los und ich stellte mich, soweit ich das sagen kann, gar nicht mal so dumm an! Ich war damals ziemlich dünn, nicht sehr muskulös und hatte absolut keine Erfahrung in körperlicher Auseinandersetzung. Und trotz allem warf ich den Kerl nach einer Minute über einen niedrigen Zaun in ein kleines Erdmännchen-Gehege. Ich war so stolz auf mich, dass ich meine Fäuste in die Luft streckte und dabei laut lachen musste. Die beiden Brüder meines geschlagenen Gegners fanden das jedoch alles andere als lustig. Sie eilten sogleich herbei und hielten mich, einer links, einer rechts, an meinen Armen fest, während sich der Verlierer dieses glorreichen Zweikampfes mittlerweile von den neugierigen Erdmännchen losgerissen hatte und mir mehrmals kräftig in den Magen schlug. DAS WAR DOCH GEGEN DIE RE-GELN! Passi stand daneben und lachte.

Das Ganze gipfelte dann schließlich in völliger Absur-dität, als wir uns in einer Stunde mit all unseren kampfeswilligen Freunden wiedertreffen wollten. Ich hoffe, ich muss an dieser Stelle nicht extra erwähnen, dass diese Idee nicht auf meinem Mist gewachsen war. Was zur Hölle war los mit diesen Leuten? Wie sehr konnte man denn auf Krawall aus sein? Wie sehr muss man auf Konfrontation stehen, um diese sogar noch künstlich in die Länge zu ziehen? Wir kommen später darauf zurück.

Es sollte sich schließlich herausstellen, dass unsere „Gegnaz", wie Passi sie nannte, weitaus mehr Freun-de hatten als wir, die wir zu dritt dort wieder auf-kreuzten. Wir standen einer Schar, einem Heer, einer Armee aus 15 bis 20 Türken gegenüber, die sich nun wie Affen über unsere Unterzahl schlapplachten und sich dabei gegenseitig auf die Schultern klopften und aneinander festhielten. Um langsam zurück zum Thema zu kommen: ich kassierte an diesem Tag wirk-lich, wirklich böse Prügel, und war mir nicht dem Hauch einer Schuld bewusst. Ganz im Gegenteil: Das Vorurteil, Türken seien nur in der Gruppe stark, hatte sich an diesem Tag für mich zum ersten Mal bestätigt und von da an war ich ein überzeugter Türkenhasser. Ob einer der Türken nicht auch alleine stark gewesen wäre, interessierte mich nicht.

Ein türkenhassendes Jahr später – ich hatte aufgrund meines sinkenden Notendurchschnittes gerade von der Realschule auf eine Hauptschule mit M-Zweig gewechselt. Hier im Nachbarort gab es unter den Schülern einen immens hohen Ausländeranteil, der sich hauptsächlich aus Türken zusammensetzte. Diese waren, genauso wie wir Deutschen, gerade mitten in der Pubertät und hatten mit einem dementsprechenden Hormonhaushalt zu kämpfen. Sah man sie länger als 3 Sekunden an und sie bemerkten das, bekam man sofort einen bösen Spruch der Marke „Brauchst du Passbild?" zu hören.

Recht bald fand ich heraus, dass unser Klassensprecher Maxi eine Einstellung hatte, wie ich sie noch nie zuvor beobachtet hatte. Adolf Hitler war ein Held, Juden müssen verbrannt, Türkenkinder erstochen und Negerfrauen geschändet werden. Und das brachte er in so einer kumpelhaften, sympathisch boshaften Art daher, dass man ihm einfach nach dem Mund reden wollte.

Regelmäßig brachte Maxi selbstgebrannte CDs mit in die Klasse und verteilte diese an potentielle Gleichdenkende. Auf den CDs fanden sich dann Hits wie „Zigeunerpack", „Opa war Sturmführer bei der SS", „Afrika für Affen, Europa für Weiße" und natürlich „Es lautet der Befehl: Bomben auf Israel", alle mit absolutem Ohrwurmcharakter, eingehenden Melodien und einfach gehaltenen Texten - die deutschen Jungs in meiner Klasse kannten und liebten jeden einzelnen Song. Das traf sich super! Da ich ganz neu an dieser Schule war, hatte ich somit einen perfekten Weg gefunden, meiner Angst vor Fremden Luft zu machen, und dabei sogar innerhalb kürzester Zeit Freunde und Gleichgesinnte zu finden!

Ich musste dafür nicht einmal sonderlich viel tun: Ab und zu mal den rechten Arm ausstrecken wenn der Lehrer wegsah, statt „Hi" begrüßte man sich mit einem genuschelten „Heil", ein bisschen den Holocaust leugnen und fleißig die Liedtexte der Zillertaler Türkenjäger auswendig lernen. Nazi sein war toll!

Verwunderlich, fast bedenklich fand ich es bereits damals, dass selbst offensichtliche Anspielungen sowie laut ausgesprochene rechte Parolen weder vom Lehrkörper, noch vom Schulrektor selbst jemals gerügt, sondern konsequent ignoriert und übergangen wurden. So blind konnte man nicht sein! Einer meiner Mitschüler hatte beispielsweise groß und breit mit einem Edding „Rudolf Hess, dein Glaube war stärker als Kerker und Schmerzen" und „SIEG HEIL" auf Ordner und Federmäppchen gekritzelt. Ein Mädchen aus unserer Klasse befand sich mittlerweile sogar im Gegensatz zum Rest von uns nachweislich in einer ernstzunehmenden, rechtsextremistischen Szene. Auf ihrem Rucksack prangten dick und fett die sogenannten „Fourteen Words", eine weit verbreitete Parole amerikanischer Neonazis: „We must secure the existence of our people and a future for white children". Wurde ich beim Rauchen auf dem Schulgelände erwischt, hagelte es ohne Vorwarnung rigoros Verweise, aber Volksverhetzung? Kein Ding! Niemand ist perfekt!

Okay, das war vor der AfD, vor Facebook und Fake-News, vor der Flüchtlingskrise, bevor Fakten ignoriert wurden und jeder nur noch das glaubte, was er glauben wollte. Das Thema Rechtsruck war anno dazumal noch nicht ganz so bedenklich wie heute. Aber diese unverkennbare stille Akzeptanz der Zurschaustellung von rechtem Gedankengut war auch für die damalige Zeit beeindruckend wie beängstigend.

War dem Lehrkörper das Thema zu heikel? Hatte man einfach kein Interesse daran, Probleme wie diese anzupacken? Oder war es gar so, dass man im Lehrerzimmer still und heimlich ebenfalls einen Groll gegen die türkische Gemeinschaft hegte oder sich schlicht und ergreifend dachte „Soll sich der Pöbel zerfleischen"?

Ein Jahr darauf fragte ich etwas schüchtern meine Banknachbarin Vanessa, die blonde Schönheit mit dem Judenstern um den Hals, ob sie mit mir auf den Abschlussball gehen möchte. Und verdammt, sie hat JA gesagt! Warum in aller Welt hätte mich ihre Herkunft, ihr Glaube oder ihre Interessen auch davon abbringen sollen? Das Mädchen war cool drauf, und sie war heiß! Unser Anführer und Klassensprecher Maxi konnte ebenfalls keine Einsprüche erheben, denn dessen Exfreundin war die hübsche Türkin aus der dritten Reihe. Was lernen wir daraus? Fremdenhass ist schön und gut, aber bei Titten ist Schluss! Sexismus schlägt Rechtsextremismus!

Glücklicherweise hatte das ganze Gehetze in der Schule keinen allzu ernstzunehmenden Hintergrund. Wir pubertierten, schockierten und hatten mit all den leeren Phrasen und hirnlosen, menschenverachtenden Liedtexten eben ein schönes Ventil gefunden, um gemeinsam etwas „Böses" und „Hartes" von uns zu geben. Trotzdem werde ich nie vergessen, wie einfach es war, Hass auf Randgruppen zu verbreiten und wie richtig es sich anfühlte, diesen in der Gruppe zu teilen. Dazu gesellte sich die meist fröhlich gehaltene, zum Mitsingen anregende Rechtsrock-Musik, in welcher mit viel Witz und Partystimmung dazu aufgerufen wurde, Adolf Hitler post mortem den Nobelpreis zu verleihen und Messer in „Judenleibe" flutschen zu lassen.

Meine „rechte Phase", wie ich sie gerne nenne, sowie auch die rechten Phasen von beinahe jedem anderen meiner damaligen deutschen Klassenkameraden endeten bald nach dem Schulabschluss so abrupt, wie sie begonnen hatten. Wir wurden wohl langsam erwachsen.

Irgendwie scheint es leider, als würden derzeit wieder immer mehr Menschen die angeborene Angst vor Unbekanntem in Hass umwandeln. Dass die Gräueltaten des zweiten Weltkrieges heutzutage immer weniger Menschen interessieren oder berühren, lässt sich schon allein daraus schließen, dass dieses Kapitel der Geschichte immer öfter - öffentlich wie privat - ins Lächerliche gezogen wird. Ein kleiner böser Hitlerwitz hier (Warum haben Duschköpfe mehr als zehn Löcher? Weil Juden zehn Finger haben!), ein auf Fotos hinzugemalter Hitlerbart da. Es fühlt sich nicht falsch an, tut ja keinem weh, und obwohl es sich hier definitiv um Verunglimpfung handelt, ist es schleichend salonfähig geworden. WIR können ja eh nichts für die Taten unserer Groß- und Urgroßeltern. Also: was soll's? Doch so einfach ist es nicht. Fremdenhass ist eine sehr bequeme, einfache Sache und bietet sich deshalb für bequeme, einfache Menschen an. Wie „einfach" die meisten Menschen dieser Sparte sind, lässt sich oft bereits an deren Rechtschreibung oder Ausdrucksweise erkennen. Diese Personen finden und erreichen heutzutage durch das Internet und die sozialen Medien ihresgleichen sowie auch potentielle oder zukünftige durch die allgegenwärtige Verunglimpfung abgestumpfte Gleichdenkende viel einfacher als früher, was wiederum viel einfacher zu dem Gemeinschaftserlebnis führt, welches mich damals in meinem Glauben so bestätigt hat. Das mit dem Erwachsenwerden schafft halt einfach nicht jeder.

Idioten gibt es auf der ganzen Welt. Wen das stört, der sollte zuallererst versuchen, selbst keiner zu sein. Und wer hierfür lange genug in den Spiegel sieht wird feststellen: das ist leichter gesagt als getan.

Ich kann es einfach nicht oft genug betonen: Menschen zwischen 13 und 20 Jahren sind einfach grauenvoll. Sie verstehen sich selbst und andere nicht, riechen komisch, benehmen sich weder wie Kinder noch wie Erwachsene und das Allerschlimmste: sie denken, sie wüssten alles - wissen aber gar nichts. Ich sollte da keine Ausnahme sein. Meine Schulzeit ging so langsam dem Ende zu, die mittlere Reife war geschrieben und ich verbrachte meine Freizeit in einem recht ordentlichen Freundeskreis, welcher größtenteils aus Mitgliedern meiner Schulband bestand. Ich war 16 Jahre alt und stand total auf Judith, unsere Sängerin, die mich seit einigen Monaten „gefriendzoned" hatte - doch damit konnte ich leben. Judith sah bombastisch aus. Sie war für ihr Alter eigentlich viel zu erwachsen, um mit mir abzuhängen, was auch der Grund war, warum ich nicht ihr fester Freund sein wollte und stattdessen einfach still und leise ihre Freizügigkeit mir gegenüber genoss. Manchmal knutschten wir ein bisschen herum, wenn wir betrunken waren, doch meistens waren wir einfach nur Freunde, die ihre Jugend miteinander verbrachten.

Einen viel wichtigeren Teil meiner Jugend verbrachte ich mit Manny, meinem damaligen besten Freund — dem vermutlich besten Freund, den ich jemals hatte. Als ich ihn kennenlernte, war er gerade mitten in einer Selbstfindungsphase, aus welcher ich ihn herauszog und in die wunderbare Welt des Punkrock entführte. Nach unserem ersten gemeinsam verbrachten Sommer erkannte ihn niemand mehr. Manny war vom liebenswerten, einfühlsamen Klassensprecher-Knuddelbären zu einem angepissten, rauchenden, pöbelnden und fluchenden Halbstarken mit lila gefärbten Haaren mutiert. Mann, hatte ich das toll hingekriegt! Zusammen lachten und weinten wir, erzählten uns von unseren intimsten Sex-Fantasien, Masturbations-Praktiken und Sehnsüchten. Es verging kaum eine Woche, an der nicht Einer beim Anderen übernachtete, wir uns Erwachsenenfilme ansahen und uns vor dem Schlafengehen abwechselnd auf Fotos oder Videos von Klassenkameradinnen im Badezimmer einen runterholten.

"Downzocken" nannten wir das. Gab dem Ganzen irgendwie einen weniger armseligen Touch. So etwas wie Geheimnisse oder Scham gab es bei uns nicht. Warum auch kostbare Lebenszeit damit verschwenden, sich für etwas schlecht zu fühlen, was für unser Alter völlig normal war?

Wenn ihr jetzt glaubt, das wäre genug kranker Mist, den Menschen miteinander teilen sollten, überspringt ihr besser den Rest. Denn unser größter Schatz, der heilige Gral unserer Freundschaft war eine DVD mit einem kurzen Video, welches wir einst heimlich in Judiths Zimmer gedreht hatten. In diesem Video blätterten wir genüsslich durch ihr sagenumwobenes Fotoalbum, in welchem sich Bilder ihres ersten Akt-Fotoshootings befanden. Ich muss wahrscheinlich nicht anmerken, wie unendlich viel Freude uns dieser Videoclip gespendet und wie sehr uns das

Geheimnis seiner Existenz zusammengeschweißt hat. Zu diesem Video gesellten sich einige Webcam-Fotos, auf denen Judith und eine weitere Klassenkameradin nackt miteinander herumknutschten. Die Bilder hatte Manny in einer unbeobachteten Minute heimlich von Judiths Computer auf eine CD gebrannt. Ich respektiere, bewundere und verehre diesen Mann für diese Courage bis heute.

Wir hatten unser Geheimnis offensichtlich einmal zu oft ausgeplaudert, denn irgendwer hat es eines Tages Judith gesteckt und die war darüber natürlich mehr als nur angepisst. Irgendwie konnte ich mich mit einer ehrlichen Entschuldigung, einem offenen Schuldeingeständnis und der Aushändigung der belastenden DVD ziemlich schnell aus der Affäre ziehen. Der Einzige, dem Judiths Groll jetzt noch galt, war Manny - und das ließ sie ihn spüren - auf eine Art und Weise, die er wohl nie, nie, nie wieder vergessen wird.

Einige Tage später. Die Schulglocke entließ uns für den heutigen Tag und wir spazierten über den Schulhof. Weiter kamen wir nicht, denn Judith fing uns dort mit ihrer Mutter ab. Wir hatten uns mit der Mutter von Judith eigentlich immer ganz gut verstanden. Sie hatte offensichtlich einige ziemlich negative Erfahrungen mit Männern gemacht, was wohl unter anderem mit einer extrem unangenehmen Scheidung zusammenhing, die sie dann und wann erwähnte. Doch ihre Tür stand immer offen, „Jugendschutz" und „Tageszeit" waren für sie Fremdwörter und da sie wie ein Schlot rauchte, gingen uns nie die Zigaretten aus.

Auch, wenn sie manchmal den Eindruck einer alten, verbitterten Hexe vermittelte, hatte diese Frau definitiv ihre Vorzüge! Doch heute war sie mächtig auf Krawall gebürstet. Da ich bereits aus dem Schneider war, wurde ich an diesem Tag Zeuge, wie mein bester Freund Manny vor den Augen all unserer Mitschüler von einer vierzigjährigen Frau minutenlang verbal komplett auseinandergenommen wurde. Nachdem sie ihn als Perversen und Widerling beschimpft hatte, drohte sie ihm damit, die Polizei einzuschalten, würde er nicht eine von ihr ausgearbeitete Unterlassungserklärung unterzeichnen. Diese ausgedruckte Word-Datei, die sie in den Händen hielt, war natürlich völliger Schwachsinn und von keinerlei bindendem Charakter, doch woher hätte Manny das wissen sollen? Verdammt, wir waren 16 Jahre alt! Ich hätte meine Seele verkauft, um diesem fürchterlichen Moment zu entrinnen.

Man reichte Manny das Papier und einen Stift. Alles was ihm jetzt noch fehlte, war ein fester Untergrund für sein Autogramm.
„Kann ich.." begann er, mit einer Gestik, in welcher er auf Judiths Rücken unterschrieb. Sie schüttelte grinsend den Kopf. Sein Blick wanderte zu mir.
„Vergiss es!" zischte die Mutter.

Und da war er: der Moment, in dem ich hätte eingreifen müssen. Der Moment, in welchem ich mich unwissentlich dazu entschied, einen Großteil meiner restlichen Jugend in den Sand zu setzen. Wenn ich so darüber nachdenke, was mir alles erspart geblieben wäre, wenn ich an diesem Tag einfach das Richtige getan und mich für meinen Freund eingesetzt hätte, wird mir speiübel. Woher habe ich diese widerliche Angewohnheit, in solch wichtigen Situationen grundsätzlich das Falschestmögliche zu tun? Es wäre so verflucht einfach gewesen, Stellung zu beziehen: Zettel aus der Hand reißen, zusammenknüllen, der alten Schreckschraube gegen den Kopf werfen und „FICK DICH!" rufen. Ich entschied mich stattdessen dafür, ein feiges Huhn zu sein und den Dingen ihren Lauf zu lassen.

Manny sank nun auf die Knie, um den Boden als Schreibunterlage zu benutzen. Es war unverkennbar, wie intensiv Judith und ihre Mutter diesen Augenblick seiner Demütigung genossen, die Sekunden seiner symbolischen Unterwerfung regelrecht in sich aufsogen. Vermutlich waren sie selten einem Mann so sehr überlegen gewesen wie heute. Mit Tränen in den Augen richtete sich Manny wieder auf, um das unterschriebene, verknitterte Stück Papier seiner Eigentümerin zurückzugeben. Ein letztes Mal wanderte sein Blick zu mir. Während ihm eine der Tränen über seine Wange lief, flüsterte er ein leises „Danke" in meine Richtung, drehte sich um und ging nach Hause.

Obwohl ich bereits damals erkannt hatte, dass Menschen wie Manny rar gesät waren, musste noch einiges passieren, bis ich wirklich realisierte, wie wertvoll und selten das war, was ich an diesem Tag aufgegeben hatte. Nicht nur die Freundschaft zu Manny fand ihr Ende, auch mein Verhältnis zu Judith erledigte sich nach unserer Schulzeit ziemlich bald.

Alles was mir blieb, war die Erinnerung an ein paar unvergessliche Jahre mit einem tollen, liebenswerten und herzensguten Typen namens Manny.

Und Judiths Nacktfotos, die ich mir vor Aushändigung der DVD natürlich auf meine Festplatte kopiert hatte. Bin ja nicht komplett bescheuert.

Evi und wie ich mein Glück eintauschte

Kurz nach dem Schulabschluss trat Evi in mein Leben. Sie war die Nachbarin und beste Freundin einer ehemaligen Klassenkameradin, bei welcher ich in unseren letzten Sommerferien regelmäßig meine Nächte verbracht hatte. Ich verliebte mich auf den ersten Blick in sie und ihre zu Anfang noch sehr selbstbewusste Art. Evi war blond, gepierct, tätowiert und hatte schöne große Brüste, die sie mit knappen Oberteilen und tiefen Ausschnitten auch stolz als solche zu erkennen gab. Klischeehafter hätte der Beginn unserer gemeinsamen Zeit vermutlich nicht ablaufen können: Nachdem wir recht bald heimlich Nummern getauscht hatten und sich unser Kontakt per SMS und nächtlichen Anrufen intensivierte, beendete ich recht bald das Verhältnis mit meiner alten Klassenkameradin und begann mich mit Evi zu treffen. Wir ließen uns Zeit. Bis ich den Mut aufbrachte, sie zu fragen ob ich sie küssen darf, vergingen viele Wochen. „Was würdest du machen, wenn ich dich jetzt einfach küssen würde?".

Ich hätte die Frage natürlich eleganter oder cooler stellen können. Aber wir lagen gerade auf ihrer Couch, ich hatte meinen linken Arm um sie gelegt und gerade minutenlang versucht, meinen Penis mit der rechten Hand unbemerkt nach oben zu klappen und mit dem Hosenbund zu fixieren um meine Erektion vor ihr zu verbergen. Ich war furchtbar gestresst und dann weigerte sie sich auch noch, den ersten Schritt zu machen. So stellte ich also mit etwas zittriger Stimme die Frage aller Fragen, auf welche sie unbeeindruckt antwortete:

„Na, mach halt!".

Ich glaube, ich war ein absolut miserabler Küsser. Natürlich hatte ich bereits schon zuvor die Ehre, mit dem einen oder anderen Mädchen herumzumachen, doch hatte ich absolut keine Ahnung, wie genau das zu laufen hat. So übertrieben, wie man das aus Filmen kannte, fühlte sich das irgendwie falsch an, doch wenn ich einen Kuss dagegen nur als kurzen Schmatzer abtat und anschließend zurückzog, war das offensichtlich zu wenig. Und wen hätte ich denn damals fragen können? Kumpels? Peinlich. Andere Mädchen? Noch peinlicher. Das Internet? War noch nicht so weit. Und meine Eltern? Ein klar denkender Jugendlicher würde lieber einen betrunkenen, messerschwingenden Obdachlosen nach Beziehungstipps fragen als dieses Gespräch mit einem seiner Elternteile zu führen. Ich konnte es nicht ändern und fand mich also damit ab, ein schlechter Küsser zu sein. Kann ja nicht nur Gute geben. Solange mir kein Mädchen jemals ins Gesicht sagte, wie scheiße ich darin bin, konnte es mir ja auch egal sein.

Wir küssten uns also zum ersten Mal, und obwohl ich mir währenddessen sicher war, dass es für Evi vermutlich nicht ganz so toll war wie für mich, war es ein langer und unvergesslicher Kuss, denn nie zuvor hatte ich jemanden geküsst, für den ich so unheimlich intensiv empfand. Ich habe die Nacht kein Auge zugemacht, denn meine Erektion brachte mich fast um.

Heimlich masturbieren gehen war keine Option, da sich ihre Toilettentüre nicht abschließen ließ. Dafür war es dann am nächsten Tag zuhause umso befriedigender.

Wir waren nun ein Paar und ich lernte bald ihre Familie kennen, die aus ihrem zehn Jahre älteren Bruder Hans und dessen attraktiver wie naiver Freundin Jessy bestand. Zu ihrer älteren Schwester hatte sie nur wenig Kontakt, Evis Eltern waren beide einige Jahre zuvor verstorben und so wohnte sie mit Hans und Jessy in ihrem renovierungsbedürftigen Elternhaus.

Wir hatten es nicht eilig, miteinander zu schlafen. Das mit dem Sex hatte ich bereits einige Male ausprobiert, war aber irgendwie bisher nicht übermäßig begeistert davon. Wenn ich still und heimlich zuhause masturbierte, musste ich mir keine Gedanken darum machen, ob ich dabei besonders sexy aussah oder ob ich es sonst wem dabei ebenfalls recht machte. Tatsächlich war vor allem mein erstes Mal so unfassbar belanglos, dass es beinahe schon wieder erwähnenswert ist. Bereits vorher hatte ich in Skilagern, Schulschränken und Duschkabinen einige spannende erotische Erfahrungen mit gleichaltrigen Mädels machen dürfen. Doch meine erste richtige Kopulation hatte ich mit einer flüchtigen Bekannten, die ich morgens stets am Bahnhof auf dem Weg zur Schule traf und lediglich vom Sehen kannte. Candy war mit ihren 14 Jahren ein Jahr jünger als ich und irgendwann sprach sie mich aus dem Nichts an, um mir zu eröffnen, dass sie gerne mit mir zusammen wäre. Ich hatte nicht die leiseste Ahnung wer dieses Mädchen war, aber sie sah nicht schlecht aus und hatte ein nettes lächeln. Also fingen wir an, Händchen zu halten und anschließend herumzuknutschen. Da sie nicht weit entfernt von mir wohnte, schlich ich mich des Nachts ab und zu aus dem Haus und warf dann kleine Steine an das Fenster von Candy, die mich daraufhin immer sehr gekonnt an ihrer Mutter vorbei in ihr Zimmer schleuste. Ohne viele Worte zu wechseln, legten wir uns dann in ihr Bett, knutschten wie wild, fingerten etwas aneinander herum und verabschiedeten uns schließlich, wenn wir müde wurden. Wir wussten rein gar nichts voneinander, haben uns auch nie irgendwelche Fragen gestellt. Ich habe Menschen und deren Verhaltensweisen schon damals nicht so ganz verstanden und war deshalb der Meinung, was hier passiert wäre ganz normal und auf diese Weise wären sich all die verliebten Pärchen in der Schule gebildet. Es fühlte sich nicht wirklich richtig an, aber das tat selten irgendetwas in meinem Leben.

Candys Mutter durfte auf keinen Fall erfahren, dass ich da war, doch das gestaltete sich eines Abends schwierig, als ich bereits seit Stunden mit einer vollen Blase zu kämpfen hatte. Der Weg zur Toilette war nicht erreichbar, ohne ungewolltes Aufsehen zu erregen, so hatte ich also keine andere Wahl, als das Fenster zu öffnen und aus dem zweiten Stock zu pinkeln. Es plätscherte so laut, dass vermutlich jeder einzelne Mensch der Stadt, Candys Mutter ausgenommen, nun von meiner Anwesenheit bei Candy wusste. An diesem Abend lachten wir sehr viel - naja, kicherten. Und als wir diesmal wieder aneinander herumfingerten, machte ich nicht wie sonst bei ihrer Unterwäsche halt, sondern nahm allen Mut zusammen und entkleidete sie komplett. Sie ließ es, noch immer kichernd, geschehen und tat es mir nach. Nun lagen wir nackig aufeinander und ohne große Mühe, eher mit einer kleinen Hüftbewegung, befand ich mich plötzlich in ihr. Was ich vorher schon so oft mit meiner rechten Hand getan hatte, erledigte nun etwas Wärmeres, Feuchteres, mit einem wunderhübschen nackten Mädchen drumherum. Ich weiß nicht, ob es auch ihr erstes Mal war. Hab nicht gefragt. Es dauerte etwa 15 Sekunden, da passierte ziemlich vorzeitig das Übliche, allerdings viel intensiver. Die Hälfte meines Ejakulats landete in Candy, den Rest verteilte ich beim Herausziehen auf ihren Vorhängen, ihrer Bettwäsche, auf unseren Körpern und im Fell ihres Hundes, der hinter uns friedlich schlief und nichts von dieser ekelhaften Schweinerei realisierte. „LOL!", kicherte sie. Sie konnte mit Worten umgehen wie keine andere.

Candy verließ mich zwei Tage darauf, da in ihrem Horoskop stand, sie würde eine neue Liebe finden. Ich habe ihr zwar nicht hinterhergetrauert, doch uns verbanden drei interessante Wochen und das vermutlich unpersönlichste erste Mal des Jahrtausends.

Zurück zu Evi. Als wir schließlich gemeinsam beschlossen, wir hätten genug gewartet und zum ersten Mal miteinander schliefen, wünschte ich mir, es wäre mein erstes Mal gewesen. Nicht dass ich eine besonders tolle Figur dabei gemacht hätte: nein, ich kam bereits, während ich in sie eindrang, aber es war trotzdem schön, dies mit einem Menschen zu tun, den ich liebte. Mit ihr erlebte ich in den kommenden Monaten eine kleine sexuelle Revolution und fand heraus, dass Sex eine ziemlich spaßige Sache sein konnte. Wir probierten alles Mögliche aus, waś uns in den Sinn kam. Rollenspiele, Oralverkehr, Analverkehr oder Sex an ungewöhnlichen Orten. Einmal ließ ich einen fahren, während sie meinen Penis im Mund hatte. Einfach um es mal gemacht zu haben. War eine doofe Idee. Macht das bloß nicht nach. Ich hab es bitter bereut und nie wiederholt.

Wir hatten eine unvergleichlich schöne Zeit miteinander und es hätte meinetwegen ewig so weitergehen können. Zusammen mit ihrem Bruder und seiner Freundin waren wir wie eine kleine Familie. Wir redeten immer offen und ehrlich miteinander, unternahmen viel zusammen und fuhren schließlich in unseren ersten gemeinsamen Urlaub. Natürlich hatten wir keine Beziehung wie im Märchen. Wir stritten, tobten, ignorierten und beschimpften uns, doch die Liebe war allgegenwärtig und übertrumpfte jede Negativität. Es stellte sich heraus, dass sie aufgrund des tragischen Todes ihrer Eltern sehr ernste psychische Probleme hatte, die medikamentös behandelt werden mussten. Immer mal wieder hatte sie Zusammenbrüche, über die ich ihr hinweghelfen konnte, was mir wiederum das wohlige Gefühl gab, wichtig zu sein. Gebraucht zu werden. Neun Monate ging alles gut. Bis mir langsam aber sicher in den Sinn kam, dass ich neben Evi auch andere Frauen begehrte. Die hübsche Klassenkameradin in der Berufsschule, deren

Blicke mich dahinschmelzen ließen oder die Kollegin aus dem Büro, die mich anlernte und dabei mit ihren sexuellen Anspielungen fast verrückt machte. Ich dachte, ich müsste noch so viel sehen und erleben, was ich mit Evi nicht teilen könnte. Zu allem Überfluss begann sich mein Umfeld in diese Angelegenheit einzumischen und mir ins Gewissen zu reden. Mit Evi hatte ich ein Glück erfahren, dessen unendliche Kostbarkeit ich aus Mangel an Erfahrung nicht einmal ansatzweise erahnten konnte und ich war kurz davor, es gegen meine Neugierde zu tauschen.

Unser nächster Streit, der nur deshalb entstand, weil ich sie für ein Essen mit Kollegen versetzt hatte, kam mir gerade recht und ich nutzte ihn, mich von ihr zu trennen. Unsere Trennung zog sich über viele Tage, brachte viele Tränen auf beiden Seiten mit sich und gipfelte in einer Situation, in welcher sie sich in einem Heulkrampf mit aller Kraft an mich klammerte und ihren Griff erst die sich zwischen uns schließenden Türen der S-Bahn lösen konnten. Es fühlte sich so unglaublich falsch an. Aber das tat vieles.

Ich hatte mehr Freiheiten, mehr Party, mehr Frauen und mehr Abenteuer gewollt. Ich konnte ja nicht ahnen, dass ich in nicht allzu ferner Zukunft von alledem weitaus mehr bekommen sollte, als mir lieb war.

Endlich 18!

Im Jahre 2006 wurde ich endlich volljährig. Das Erste, was ich mit meiner neuerworbenen Freiheit anfing war, mir von meinem Geburtstagsgeld mein erstes Tattoo stechen zu lassen. Ich war jetzt ein Erwachsener, also sollte das Tattoo natürlich so groß wie möglich sein! Und einschüchternd! Totenköpfe, Flammen, wilde Muster! Kurz gesagt: Ich war strohdumm und hatte nicht die geringste Idee, welches Tattoo ich überhaupt haben wollte.

Als ich schließlich zum erstbesten Tätowierer im Nachbarort ging und ihm sagte „Ich hätte gerne ein Tattoo!", brach dieser in ein Gelächter aus. Da ich offensichtlich keinen Schimmer hatte, welches Motiv das triumphale Symbol meiner mittlerweile einen Tag alten Volljährigkeit werden sollte, drehte er ein großes Buch voller Tattoo-Vorlagen in meine Richtung und gab mir den Ratschlag, mir Zeit zu lassen. Nach 5 Minuten hatte ich schließlich meine wohlüberlegte Wahl getroffen. Ein brennender Totenkopf, aus welchem links und rechts Flammen und wilde Tribalmuster herauswuchsen.
„Auf den Rücken über die Schultern, bitte!".

Ein paar wohlüberlegte Tage später war es dann bereits so weit und der dürre Ladenbesitzer namens Kevin mit dem tätowierten, eingefallenen Gesicht, dem ostdeutschen Akzent und dem Hakenkreuz auf der Brust machte sich ans Werk. Dass der Prozess des

Tätowierens wehtut, war mir natürlich bereits bekannt, aber die unsäglichen Qualen, welche ich in den nächsten Stunden erleiden sollte, hätte ich mir im Leben niemals so unfassbar grauenhaft ausgemalt. Es fühlte sich so an, als würde man mir keine Nadeln, sondern Messer, Äxte, MORGENSTERNE in die Haut rammen. Stunden verbrachte ich schreiend und stöhnend auf dieser unbequemen Pritsche, während Kevin sich zu deutschem Porno-Rap an meinem Rücken ausließ. Im Inneren hatte ich während dieser Stunden nur einen Gedanken: „Es gibt echt Wahnsinnige, die diesen Missbrauch an ihrem ganzen Körper zulassen?". Doch der Typ an meinem Rücken wurde eben erst warm.

Als Kevin schließlich die Nadel aus meinem Fleisch zog und eine Raucherpause ankündigte, dankte ich still dem Herrn für diese Gnade. Ich setzte mich mit nacktem Oberkörper auf die öffentliche Parkbank, welche sich nur wenige Meter vor dem Tattoo Studio befand und zündete mir eine Zigarette an. Die Tür des Studios stand offen, weswegen ich einen Blick auf den Bereich hinter dem Tresen werfen konnte. Dort stand Kevin, welcher gerade eine Jägermeisterflasche angesetzt hatte und davon trank, als wäre es Wasser. Und nein, ich rede nicht von den kleinen Jägermeisterflaschen von der Lidl-Kasse. Darauf angesprochen reagierte er zwar etwas ertappt, beschwichtigte aber „Ach, ich war mal Heroinabhängig. Seitdem brauch ich das, für die ruhige Hand". Na gut, so sind Tätowierer vermutlich, dachte ich mir und legte mich erleichtert wieder auf die Pritsche. Was nun folgte, sollte meine vorherigen Qualen wie einen Ausflug nach Disneyland erscheinen lassen. Kevin drückte die Nadel immer wieder so tief in meine Haut, dass sie ab und an stecken blieb und aufhörte sich zu bewegen. Ich war beinahe froh, dass ich nicht sah, was da an meinem Rücken vor sich ging, sondern nur das gequälte Geräusch der Tätowiermaschine hörte, welches immer wieder so klang, als würde der Akku einer elektrischen Zahnbürste beim Putzen versagen. Ich hatte schließlich den kompletten Tag dort verbracht und das Endergebnis war tatsächlich wie gewünscht ein ziemlich böse dreinblickender, brennender Totenkopf mit Tribalmuster. Gut, das meiste der Farbe bröckelte während des Abheilprozesses heraus und das gesamte Motiv war vorab leider etwas schief vorgezeichnet worden, weswegen der linke Teil des Tattoos sich nun höher befindet als der Rechte. Und auch dass ich stundenlang wie am Spieß gebrüllt hatte, war aufgrund Kevins Arbeitsweise wohl absolut berechtigt, wie mir bislang jeder Tätowierer nach ihm bestätigen konnte - Aber hey, ich war jetzt 18 und endlich tätowiert!

Meine Eltern, die zwar von meinem Vorhaben wussten, jedoch eher so etwas wie einen kleinen Stern auf dem Ärmchen erwartet hatten, reagierten bestürzt und entsetzt. Das war es wert!

Endlich 18, die Zweite

Die zweite Sache, welche es für mich mit Erreichen der Volljährigkeit zu erledigen gab, war natürlich ein Besuch im Puff. Ich hatte aufgrund des neuen Tattoos nicht mehr viel Geburtstagsgeld übrig, weswegen ich bis zum nächsten Monat damit warten musste. Mein damaliger ebenfalls gerade erst volljährig gewordener Kumpel Tony und ich hoben uns also unseren kompletten Auszubildendenlohn vom Konto ab, warfen uns eine Ecstasy ein und machten uns auf den Weg zum berühmt berüchtigten Rotlichtbezirk Nürnberg. Wir waren schon vorher das ein oder andere Mal heimlich zu späterer Stunde an der zwielichtigen Frauentormauer entlang geschlendert, um vielleicht kurz einen Blick auf eine nackte Frau zu erhaschen – doch diesmal waren wir hier für mehr.

Wir waren gerade erst an drei oder vier Etablissements vorbeigelaufen, als uns schon zwei Damen aus einem geöffneten Fenster heranriefen. Die Jüngere von beiden muss so Mitte 20 gewesen sein, die Ältere war etwas fülliger und hatte vermutlich die 30 bereits überschritten. Sie waren beide auf den ersten Blick sehr gutaussehend und hatten ein vertrauenserweckendes Lächeln, weshalb wir ihrem Lockruf folgten und uns zu ihnen an das Fenster gesellten.
„Naaa, wie geht's euch, Jungs?", trällerte die Jüngere.
„Super, und euch?" entgegnete ich etwas schüchtern.
„Mit zwei so hübschen Jungs wie euch geht es uns immer gut!" flirtete die Ältere. Wir lachten.

Mein erstes Kompliment, welches mir von einer Prostituierten gemacht wurde. Welch historischer Moment.

Unser Lachen verstummte recht bald und es entstand eine kurze unangenehme Stille. Das war jetzt der Moment, in dem wir nach dem Preis für den Geschlechtsverkehr hätten fragen sollen, doch irgendetwas hemmte mich. Mir wurde, seitdem ich denken kann, der gesunde Respekt vor allen Menschen vorgelebt und dieser verbot es mir nun, den Nutten die alles entscheidende Frage zu stellen, wie viel Geld ich bezahlen muss, damit sie herabwürdigenden, bedeutungslosen Sex mit mir haben. Zu meinem Glück wurde die Stille sehr bald von der Jüngeren durchbrochen, die uns ungefragt aufklärte: „30 Euro für jeden von euch!" - 30 Euro, das war für uns absolut in Ordnung. Den Preis zu verhandeln, oder vorsichtshalber einmal nachzufragen, was denn genau in welchem Umfang in den 30 Euro inbegriffen war, kam mir nicht in den Sinn. Es war mir auch herzlich egal. Das Ecstasy begann seit ein paar Minuten zu wirken und der Buzzer der schmutzigen weißen Tür neben dem Fenster summte. Wir traten ein. Die leicht bekleideten Mädels führten uns in ein rotbeleuchtetes Zimmer, in welchem ein tiefes breites Bett stand. Irgendwie hatte ich gehofft, ich könnte mir jetzt eine von beiden aussuchen, und mich mit dieser in einem Einzelzimmer vergnügen. Doch ich sagte nichts, denn die Angst, dass dies der Standardablauf sei und ich mich bei einer Nachfrage als unerfahren outen würde, überwog. Tony und ich setzten uns nebeneinander auf das Bett und zahlten. Die beiden Mädels schienen von Zeit zu Zeit in einer Art Geheimsprache miteinander zu kommunizieren. „Mimimi" sang die Ältere erklärend, während sie auf Tony zeigte. „Mimimimiiii" antwortete die Jüngere in einem euphorischen Tonfall, und gesellte sich auf dem Bauch liegend zu mir.

Auf Geheiß entledigten wir uns unserer Hosen, woraufhin mir kurzerhand ein Gummi über mein vom mittlerweile stark wirkenden Ecstasy kleingeschrumpeltes Glied gezogen wurde. Und das stellte sich als ein ziemliches Problem heraus. Die Dame begann, mit ihrer Hand ziemlich gute Arbeit an mir zu verrichten, jedoch wollte sich da unten einfach nichts regen. Ich bat sie höflich, sich auszuziehen - vielleicht war es ja das, was mich hemmte. Nachdem sie mich dafür noch einmal 20 Euro zahlen ließ, präsentierte sie sich mir nun in ihrer ganzen Pracht, die sich auch wirklich sehen lassen konnte. Doch noch immer hinderten Tonys Anwesenheit, die Nervosität und allem voran das Ecstasy mein Glied daran, zu wachsen. „Ich kann dir auch einen blasen!" bot sie mir an – natürlich nur gegen Aufpreis. Ich erkannte worauf das hinauslief: Sollte ich mit dieser Schönheit heute noch Sex haben, würde mir das die Geldbörse erheblich erleichtern. Ich gab ihr erneut einen Zwanziger, woraufhin sie sich sofort professionell ins Zeug legte. Ohne Erfolg. Der kurze Blick nach links zu unseren Bettgefährten, bei denen es ebenso erfolgreich lief, machte es nicht unbedingt besser. „Jetzt sollte aber langsam mal was passieren bei dir!" nuschelte das Gesicht zwischen meinen Beinen. Ich gab es auf. Ich zog meinen Penis aus ihrem Mund, was ein lautes Schmatz-Geräusch erzeugte, und erklärte ihr, dass das wohl heute nichts mehr wird. „Kein Problem!", beteuerte sie.

„Ich… ich warte dann halt draußen", stammelte ich, während ich meine Hose wieder hochzog und fragte noch: „Bekomme ich jetzt wenigstens mein Geld zurück?". Sie lachten. Alle drei. Schallend. Ich wurde zum ersten Mal in meinem Leben von Nutten ausgelacht. Welch historischer, historischer Moment.

Als ich gedemütigt das Bordell verließ, eine Kneipe nebenan betrat und mir dort ein Bier bestellte, gesellte sich bald eine hübsche Dame zu mir und wir unterhielten uns ein wenig. Sie schien Interesse an mir zu haben, fasste mir beim Reden oft ans Bein oder an den Arm, gab mir Komplimente. Endlich käme mal jemand Cooles hierher. Als ich ihr, aufgelockert durch ihre netten Worte meine Geschichte erzählte lachte auch sie schallend und meinte anschließend „Na komm, darauf trinken wir jetzt einen Piccolo!". Sie hob die Hand um dem Barmann ein Zeichen zu geben.

„Lädst du mich ein?" fragte ich sie.

„Nein, du bist der Mann – du zahlst!"

„Ich.. bin heute irgendwie nicht mehr so in der Stimmung, Geld auszugeben" gestand ich ihr, mit Blick auf die Preistafel, die den gewünschten Piccolo für gerade mal 45 Euro anpries.

„Selber schuld!" sagte sie trotzig, stand auf und setzte sich sofort zu einem anderen Kerl zwei Stühle weiter, die Hand an seinen Beinen, welcher ihr nach 5 Minuten einen Piccolo spendierte. In diesem Moment keimte in mir der Gedanke auf, dass sie mich vielleicht in Wirklichkeit gar nicht so cool fand.

Gedemütigt verließ ich nun auch die Kneipe, und als ich so alleine in dieser von Neonröhren beleuchteten Gasse stand, eine Ratte flitzte an mir vorbei, mein Kopf dröhnte vom Ecstasy und mein Rücken juckte noch immer vom herausbröckelnden Tattoo, hatte ich nur diesen einen Gedanken: Volljährig zu sein ist scheiße.

Mit Ablauf eines bestimmten Datums darf man plötzlich alles, was vorher noch den Großen vorbehalten war. Verträge abschließen, nachts umherstreifen, harten Alkohol kaufen, Auto fahren, sich tätowieren lassen, ein Bordell besuchen. Mit einem Mal stehen unzählige neue Möglichkeiten offen und es ist voll und ganz dir selbst überlassen, was du mit diesen Möglichkeiten anstellst, ob du sie wahrnimmst oder nicht. Doch wer bereitet dich auf all das vor? Welches Wissen solltest du dir vorab aneignen? Und woher weißt du, welches Wissen dir noch fehlt? Dein Weg ist quasi vorprogrammiert, dich mit Vollgas gegen eine Wand zu führen.

Meine ersten beiden Amtshandlungen als Erwachsener sind ziemlich in die Hose gegangen, aus dem einfachen Grund, dass ich zu schnell zu viel wollte. Wenn sich eine unerforschte Tür öffnet, sollte man vielleicht nicht einfach euphorisch mit geschlossenen Augen hindurchrennen.

Sich über die Gepflogenheiten von Rotlichtbezirken und deren Bewohnern zu informieren, bevor man sich zum ersten Mal dorthin begibt, ist übrigens auch ein Rat, welchen ich gerne jedem ans Herz legen möchte. Glaubt nie, ihr wüsstet irgendetwas, denn ihr habt ja keine Ahnung, was ihr alles nicht wisst.

Im selben Jahr - ich steckte noch immer mitten in der Ausbildung - wurde es Zeit für mich, das Elternhaus zu verlassen und einen weiteren Schritt in Richtung Selbstständigkeit zu gehen. Mein ehemaliger Klassenkamerad und Bordellkomplize Tony zog mit mir zusammen in eine geräumige 3-Zimmer Wohnung, die sich in einer Kleinstadt in der Nähe von Nürnberg befand.

Wenige Wochen später erlag mein Vater seinem langjährigen Krebsleiden. Er und ich hatten zwar nie das beste Verhältnis und sonderlich unvorbereitet erwischte es niemanden von uns, doch trotzdem, oder vielleicht gerade deswegen wünschte ich mir, dass sein Tod irgendetwas in mir auslösen würde. Machte es mich zu einem schlechten Menschen, weil ich nicht in ein tiefes Loch aus Trauer und Depression fiel? Merkten die Leute, dass ich an seiner Beerdigung eigentlich ziemlich gute Laune hatte, weil ich so viele bekannte Menschen nach langer Zeit wieder traf? Verurteilte man mich, wenn ich mich für Beileidsbekundungen stets lächelnd bedankte? Während der Rest meiner Familie unseren Verlust betrauerte und verarbeitete, quälte ich mich also mit diesen völlig sinnlosen Gedanken herum, die mich in den kommenden Monaten zutiefst verwirren sollten. Vielleicht war das auch einfach meine Art der Trauer.

Aufgrund der Tatsache, dass Tony und ich jetzt alle Entscheidungen selbst treffen konnten, ohne Angst haben zu müssen, von unseren Müttern erwischt zu werden, fingen wir kurz darauf wieder an zu kiffen. Wir hatten das in unserer gemeinsamen Schulzeit ab und zu mal bei ihm zuhause im kleinen Stil gemacht, uns sogar einmal aus reiner Neugier von unserem Dealer etwas Kokain gekauft, einfach nur um es mal gemacht zu haben. Dann packte uns doch die Vernunft, als wir unsere Führerscheine machten, und wir beendeten dieses Kapitel. Vorläufig.

Marihuana ist, meiner Meinung nach, grundsätzlich keine schlimme Sache, sofern man es in gesundem Maße konsumiert. Man ist ausgeglichen, zufrieden, ruhig und erfreut sich an den kleinen Dingen. Klingt doch alles eigentlich ziemlich gesund, oder? Mir hat es in meiner Phase der Verwirrung jedenfalls nicht unerheblich über den Berg geholfen. Die bemitleidenden Blicke meines Umfeldes, mein pubertierender Bruder oder meine trauernde Mutter schafften es aus unerfindlichen Gründen nicht, mich aufzuheitern. Gras schon.

Es gibt beim Kiffen allerdings Techniken und Praktiken, deren Wirkung unterschiedlicher nicht ausfallen könnte. Wer sich einen Joint dreht und diesen in einer Gruppe herumgibt, wird ganz gemächlich high und fühlt sich einfach entspannt. Wer allerdings, so wie wir damals, auf das zeitaufwändige Joint-Drehen verzichtet und lieber eine Bong mit der Menge an Gras stopft, die normalerweise einen Joint füllt, das Ganze anschließend erhitzt und in einem Schwung inhaliert, ist von einem Moment auf den anderen völlig ausgeschaltet, liegt etwa 15 Minuten auf der Couch und fängt dann langsam wieder an, am Leben teilzuhaben und vor sich hin zu stammeln. Wenn euch irgendwer erzählen möchte, man könne von Marihuana nicht abhängig werden, dann hat derjenige absolut keine Ahnung. Betroffene wollen davon natürlich nichts wissen, verweisen dann auf die heilende, beruhigende Wirkung und fordern mit Verweis auf den schädlicheren, aber legalen Alkohol „Legalize it!". Doch Tony hat es durch die exzessive Kifferei geschafft, irgendwann abends nicht mehr schlafen zu können, ohne mindestens zehn Mal die Bong neu gestopft und geraucht zu haben.

Und nun kommen wir zum wohl größten Haken am Kiffen: Gras ist und bleibt eine Einstiegsdroge.

Auch hier werden die Befürworter wieder rufen „Selbst schuld, wer nicht die Finger vom harten Zeug lassen kann". Doch hier macht man es sich zu einfach. Wer sich in unserem Land Marihuana kauft, hat früher oder später mit Menschen zu tun, die sich bereits auf einer anderen Ebene befinden und auch mit härteren Drogen zu tun haben. Nicht anders sollte es mir ergehen.

Als mich mein fünfzehn Jahre älterer Arbeitskollege Julius eines Abends mit zu sich nach Hause nahm, um mit mir etwas seines selbst angebauten Stoffes zu rauchen, sollte es sich wieder einmal ereignen, dass ich völlig platt auf seiner Couch lag und mich fragte, wie ich so benebelt nach Hause finden sollte. „Hier, probier mal was davon!" rief er aus der anderen Ecke des Zimmers und brachte mir einen Spiegel, auf welchem er die letzten 10 Minuten mit einem Feuerzeug kleine farblose Steinchen zu weißem Pulver zerkrümelt und dieses anschließend mit einer Rasierklinge zu einer schönen, langen, geraden Linie zusammenschoben hatte. „Dann bist du wieder munter!" sagte er mit einem Lächeln und gab mir ein kleines goldenes Röhrchen für meine Nase in die Hand. Er vergaß jedoch zu erwähnen, dass es sich hierbei um den allergefährlichsten Dreck handelte, welchen ich jemals zu mir nehmen sollte: Crystal Meth.

Das Zeug war der Wahnsinn! Innerhalb von Sekunden konnte ich wieder klar denken, mehr noch: ich konnte so klar denken wie noch nie zuvor! Ich hatte Gedankengänge, die so tief gingen, dass man sie niemals irgendwie hätte in Worte fassen können. Ich hatte solch eine unnatürliche Energie und eine Ausdauer, ich hätte vermutlich mehrere Stunden in eine Richtung rennen können, ohne aus der Puste zu kommen. Ich rauchte hektisch eine Zigarette nach der Anderen, mein Gefühl für Hunger und Durst hatte sich komplett verabschiedet. Und ja, müde war ich auch nicht mehr! Ich wurde tatsächlich erst wieder ansatzweise müde, als beinahe 24 Stunden vergangen waren. Als die Wirkung nachließ, war es, als würde mich eine tonnenschwere, unsichtbare Last zu Boden drücken. Endlich hatte ich nach einer gefühlten Ewigkeit wieder das Bedürfnis, mich ins Bett zu legen. Ich schloss meine Augen und zu meiner Erleichterung sprangen sie nun nicht mehr automatisch auf, sobald ich die Augenlider entspannte. Vollkommen dehydriert erwachte ich nach 13 Stunden wieder aus dem tiefsten Schlaf meines Lebens und stellte mir die Frage, was um alles in der Welt ich mir da für einen heftigen Scheiß reingezogen hatte.

Julius nahm diesen Mist nach eigenen Angaben schon seit vielen Jahren und man nahm ihn stets als einen lustigen, cleveren Kerl wahr, der wirklich immer einen Spruch auf den Lippen hatte, zu dem man sich weghauen konnte. Was also konnte an dem Zeug so schlimm sein? Wenn es dazu führt, dass man so wird wie Julius, dann immer her damit!

Ich erzählte sogleich Tony davon, der von meiner Erzählung hellauf begeistert war und sofort etwas davon probieren wollte. Es dauerte also nicht lange, da kaufen wir Julius etwas davon ab und erlebten eine unvergessliche Nacht. Wir redeten stundenlang, tauschten intimste Gedanken aus, gingen mitten in der Nacht wieder vor die Tür, rannten mehrere Kilometer durch die ganze Stadt, legten uns mitten auf die Straße, um über die Sterne zu philosophieren, um anschließend, aufgeschreckt durch hupende Autos, in ein Waldstück zu rennen und auf Bäume zu klettern. Es sollte der erste von vielen Abenden sein, an denen wir uns mit einer Droge volldröhnten, die sogar unter obdachlosen Heroinjunkies als Teufelszeug gefürchtet und verachtet wird.

Immer wieder keimte in mir das dumpfe Gefühl auf, ich würde ziemlichen Mist bauen und wäre auf bestem Wege abzustürzen. Doch was hatte ich denn zu verlieren? Meine Ausbildung war die Hölle, mit meiner Familie war in dieser Zeit nichts anzufangen und laut Statistiken starben im Jahr viel mehr Menschen an Alkohol statt an Drogen! Irgendetwas fand ich immer, um mir mein schlechtes Gewissen und mein Gefühl der Leere selbst auszureden.

Tony knüpfte beeindruckend schnell viele Kontakte zu einem Haufen von Gestalten, die er seine Freunde nannte. Ich nahm sie allerdings nur als Drogendealer und Junkies wahr. Doch was wusste ich schon. Ich hatte aufgrund meiner Andersartigkeit und immer weiter wachsenden Misanthropie außer Tony und meiner Ausbildungskollegin Natascha, die ich aus dieser Welt jedoch heraushalten wollte, zu dieser Zeit niemanden. Also nahm ich unseren neuen Freundeskreis gezwungenermaßen an und so dauerte es nicht lange, bis unsere WG zu einem Ausrichtungsort für Drogenorgien mutierte. Eingetrocknete Kotze klebte an der Hauswand neben unserem Balkon, Aschenbecher, die auf Matratzen standen, quollen auf Bettdecken über, Schreib- und Wohnzimmertische waren vollgestellt mit Drogenutensilien, Glühbirnen hingen lose von der Decke und alles, was sich in unserem Kühlschrank befand, war flüssiges Ecstasy und ein schimmelndes Stück Kuchen von meiner Oma. Meine Schubladen waren gefüllt mit illegalen Hieb- und Stichwaffen, welche ich regelmäßig billig in der Tschechei einkaufte und für ein Vielfaches in

Deutschland verhökerte. Nettes Nebeneinkommen. Jedes Wochenende war etwas los bei uns. Auch unter der Woche klingelte es ständig an der Tür und es kamen unangemeldete Besucher vorbei um bei uns zu konsumieren, von unseren Kontakten zu profitieren oder mal für eine Weile unterzutauchen. Eine Zeitlang fügte ich mich in dieses Leben und perfektionierte meine Gabe, mir meine Gewissensbisse, Depressionen und andere Warnungen meines Körpers schönzureden, sowie sämtliche meiner Taten vor mir und anderen plausibel zu rechtfertigen. Tony gelangte irgendwann an den Punkt, an dem er das Meth nicht einmal mehr kleinstampfte und durch die Nase zog, sondern es auf Aluminiumfolie legte, diese mit einem Feuerzeug erhitzte und den so entstehenden Dampf durch einen Strohhalm in sich aufsog. Obwohl er überzeugend schwärmte „nichts ballere besser" und mich des Öfteren dazu drängte, es auch mal zu versuchen, ich konnte mich zu dieser Praktik glücklicherweise nie durchringen. Unser Umgang verschlechterte sich von Monat zu Monat spürbar, sodass „normale" Leute bald nichts mehr mit uns zu tun haben wollten und ich es irgendwann nicht einmal mehr schaffte, Menschen, insbesondere Frauen für mich zu gewinnen, die ansatzweise ihr Leben im Griff hatten.

Natürlich war diese Entwicklung ein schleichender Prozess. Dieser zog sich über etwa dreieinhalb Jahre, in denen noch weitaus mehr passieren sollte, als in ein Kapitel passt. Mal mehr, mal weniger erfreulich, doch selten ohne Spuren zu hinterlassen. Steigen wir also ein, als meine Mutter dachte, es wäre eine gute Idee, mit ihren beiden Söhnen Urlaub in Holland zu machen.

Die Anzahl meiner Verwandten hatte sich verringert, doch das hielt mich nicht auf, ein Jahr nach dem Tod meines Vaters eine kleine Familienreise mit meinem Bruder und meiner Mutter nach Amsterdam zu unternehmen. Und obwohl wir schon durchaus bessere Zeiten erlebt hatten, hätte dieses verlängerte Wochenende weitaus schlimmer ablaufen können. Wir besuchten Madame Tussauds, schipperten mit dem Boot durch die berühmten Grachten und nahmen an einem Pfannkuchen-Wettessen teil. Natürlich wollte ich es mir nicht nehmen lassen, einen der dort berühmt berüchtigten Coffeeshops zu besuchen, in welchen sich völlig legal Gras in allen Farben und Formen kaufen und konsumieren lässt. Ich ließ mir dort einen handelsüblichen vorgerollten Joint der Marke „White Russian" aushändigen und rauchte diesen am selben Nachmittag mit meinem Bruder Martin vor unserem Hotel, welches sich in Form eines Schiffes, dem sogenannten „Bootel" am Hafen auf dem Wasser befand. Was wir da rauchten, ließ sich mit dem illegalen Mist vom Dealer um die Ecke aus Deutschland nicht im Geringsten vergleichen. Bereits nach ein paar Zügen befanden wir uns in einer völlig anderen Realität und zerbrachen uns die Köpfe, wie wir unserer im Hotel wartenden Mutter in diesem Zustand unter die Augen treten sollten.

High wie lange nicht mehr schleppte ich mich zusammen mit Martin durch einen endlos wirkenden

Korridor zurück in unser Familienzimmer. Ich mochte mir gar nicht ausmalen, in welcher Welt sich erst mein Bruder befinden musste, der zuvor noch nie gekifft hatte. Wir legten uns in unsere Betten und beteten, dass unsere Mutter nicht dahinter kam, was uns so dahingerafft hatte. Die hatte gerade ihr Musikinstrument, eine Oboe, ausgepackt, um etwas zu üben. Sie spielte beruflich in einem Orchester und auf das regelmäßige Proben kann bei diesem Job nicht verzichtet werden - auch nicht im Urlaub. Ihre typischen Melodien, die sie zum Üben spielte kannte ich bereits aus meiner frühesten Kindheit. Hatte sie stets als wirres Gedudel und leicht nervig wahrgenommen. Nicht jedoch an diesem Abend. Es war, als würde ich mich buchstäblich in ihrer Musik befinden, mit ihr gemeinsam von Note zu Note springen und als würde sich meine Welt wie in einem alten Disney-Film ihrem Takt anpassen. Im Zusammenspiel mit dem Drogeneinfluss, unter dem ich stand, umgab und erfüllte mich ihr Oboen-Spiel mit einer unnachahmlichen Ruhe und Geborgenheit. Etwa so müssen sich Embryos in einem Nichtraucher-Mutterleib fühlen. Um alles in der Welt wollte ich diesen Moment in all seiner Pracht auskosten. Als sie schließlich ihre Übungsroutine beenden wollte, bat ich sie weiterzuspielen und warf dabei immer wieder ein paar Fragen ein, die mich in diesem Moment tatsächlich brennend interessierten.

„Ist es sehr anstrengend für die Lunge, die Lautstärke zu kontrollieren?"
„Kannst du auch ‚Sweet Home Alabama?"

„Wie viele Knöpfe hat eine Oboe?"

Martin befand sich im Bett über mir seit etwa einer Stunde in einem Zustand völliger Desorientierung. Er konnte und wollte diese Konversation, welche ich mit unserer Mutter führte (die sich im Übrigen ohne jeden Verdacht sehr über mein plötzliches Interesse freute) nicht glauben. Als ich schließlich anfing, wie ein Hippie zu ihrer Musik zu singen, zu pfeifen und zu klatschen, war er sich endgültig sicher, dass er gerade den Verstand verlor und entschied, dass es das Beste wäre, einfach zu schlafen.

Am nächsten Morgen erwachten wir ziemlich früh und waren erleichtert, wieder Herren unserer Sinne zu sein. Da es unser letzter Tag in Amsterdam war, machte ich mich sogleich noch einmal zum nächsten Coffeeshop auf, um ein Mitbringsel für meinen Mitbewohner Tony zu kaufen. Den faustgroßen Beutel mit dem grünen Zeug würde ich schon irgendwie nach Deutschland bringen - konnte ja nicht so schwer sein. Ich steckte den Beutel vor unserem Abflug in eine Socke, sprühte diese dick mit Parfum ein und band das nach Hugo Boss stinkende Päckchen mit ein paar Gummis an mein Schienbein.

Und tatsächlich saß ich mit einem zufriedenen Grinsen wenig später im Flugzeug und hielt mich für das ausgefuchsteste Schlitzohr aller Zeiten. In der Flugzeugtoilette packte ich die gefüllte Socke nun in meine Jackeninnentasche und wiegte mich in Sicherheit.

Wir hatten jedoch noch einen Umstieg in München zu bewältigen und bereits auf der Landebahn wartete dort der Zoll mit Drogenspürhunden. Obwohl ich das Päckchen nun direkt an meinem Herzen trug, entschloss sich mein Herz, alleine in meine Hose zu rutschen. Als ich versuchte, mich unauffällig, aber in schnellerem Tempo an den Beamten vorbei zu quetschen, drückte mich einer von ihnen, direkt auf die Socke in meiner Innentasche, unsanft zurück, um einen der Vierbeiner an mir schnuppern zu lassen. Idiotischer Köter, hat nicht das Geringste gemerkt. Man ließ mich passieren. Triumphierend, dieses letzte Hindernis durch mein kriminelles Genie aus dem Weg geräumt zu haben, führten mich meine Schritte kurze Zeit später zur Fluggastbrücke, um in den Flieger nach Nürnberg einzusteigen. War es bemerkenswerte Menschenkenntnis oder professionelle Ermittlungsarbeit, ich weiß es nicht, doch der Zoll hatte die Entscheidung getroffen, seinen haarigen Gefährten noch eine zweite Chance zu geben. So wurde ich erneut von einem Team aus drei Beamten und zwei Drogenspürhunden erwartet. Diesmal war mir das Glück nicht hold: der blöde Kläffer sprang nach kurzem Schnüffeln auf die Hinterbeine und meine Schmuggler-Identität flog auf. Verdammte Petze.

„Haben Sie etwas dabei, was uns interessieren könnte? Betäubungsmittel zum Beispiel?" fragte mich die Zollbeamtin, während sie der verräterischen Töle ein Leckerli gab.

„Naja", antwortete ich sehr kleinlaut, „was verstehen Sie unter Betäubungsmitteln?"

„Medikamente, Drogen, Rauschmittel, wie zum Beispiel Marihuana."

Ich wollte um jeden Preis vermeiden, dass meine Mutter, die bereits mit Martin vorausgegangen war, von meinem „Doppelleben" erfuhr und unternahm daher einen letzten kläglichen Versuch, aus der Nummer herauszukommen:

„Ich hab da tatsächlich etwas einstecken. Kann ich Ihnen das nicht einfach geben und Sie lassen mich weiter?", flüsterte ich der Bediensteten zu. Ich griff nach dem Päckchen, händigte es der Dame unauffällig aus und sah zu meiner Familie, die mittlerweile umgekehrt war und verwundert in meine Richtung lief.

Niemand hatte gesehen, was ich der Beamtin in die Hand gedrückt hatte. Ich hatte meine Lektion gelernt, würde so etwas nie wieder tun und meine Laufbahn als professioneller Drogenkurier an den Nagel hängen. Ende gut alles gut.

Nicht.

Ich drehte mich zu meiner Mutter, die uns beinahe erreicht hatte und machte einen hastigen Schritt in ihre Richtung, als mein Glaube an das Gute zutiefst erschüttert wurde und die Beamtin mich mit den Worten „Nee, nee, nee. So einfach wird das hier nicht" am Arm festhielt. Intuitiv versuchte ich mich kurz von ihr loszureißen, was zur Folge hatte, dass man mir in Sekundenschnelle die Arme auf den Rücken drehte und Handschellen anlegte. Man machte meiner Mutter klar, was ich verbrochen hatte und verzweifelt aber bestimmend, beinahe etwas heroisch, bat ich meine Familie, sich in das Flugzeug zu setzen und sich keine Sorgen um mich zu machen - ich käme schon klar. Mit einer patriotischen Fanfare im Hintergrund wäre das in einem amerikanischen Spielfilm eine unvergessliche Szene geworden.

Der Heimflug muss für die Beiden der absolute Horror gewesen sein. Mein Bruder erzählte mir im Nachhinein, dass unsere Mutter trotz seiner Bemühungen, sie zu beruhigen, völlig aufgelöst immer wieder „MEIN SOHN NIMMT DROGEN!!!" durch das Flugzeug gebrüllt hatte.

Doch was die Beiden auch gerade durchmachten: es sollte nicht ansatzweise an die seelischen und körperlichen Torturen herankommen, denen ich zur selben Zeit ausgesetzt war. Wie ich herausfinden sollte, verstand der Zoll bei der Einfuhr von Drogen aus dem Ausland irgendwie keinen Spaß und nach einem langen Verhör wurde ich schließlich in einen hell gefliesten Nebenraum geführt, der wie eine große Gemeinschaftsdusche aussah. Dort musste ich mich all meiner Kleidung entledigen - ist ja schließlich gang und gäbe, sich mit Dope erwischen zu lassen, um noch mehr davon versteckt an seinem Körper zu tragen. Aller Logik zum Trotz stand ich nun vollkommen entkleidet vor zwei Männern, von denen einer rein äußerlich etwa in meinem Alter sein musste, was meinen ohnehin bereits ausgereizten Schamgefühl-Pegel nun endgültig ins Unermessliche steigerte. Nachdem man sich peinlich genau davon überzeugte, dass ich weder in meinem Mund noch hinter meinen Hoden weitere illegale Substanzen versteckt hatte, blieb schließlich nur noch eine letzte Körperöffnung, die es zu durchsuchen galt. Der junge Mann streifte sich also einen blauen Einweg-Handschuh über, cremte sich den Zeigefinger ein und während ich ihm nackt und gebückt mein Hinterteil entgegenstreckte und mich dabei mit meinen Händen an der Wand abstützte, fuhr er genüsslich in mich hinein und rührte mit dem Finger ein wenig in mir herum. Doch Fehlanzeige. Außer den üblichen Dingen fand sich auch an diesem Ort nichts Interessantes und so war mein Leidensweg schließlich beendet.

Die gute Nachricht war, dass mir der Ersatzflug nicht in Rechnung gestellt wurde. Die Schlechte: Er ging erst in viereinhalb Stunden. Ich hatte weder Geld noch Essen noch Lesestoff bei mir, hatte also massig Zeit, um über mein Leben, meine Taten und das unangenehme Gefühl in meinem Rektum nachzudenken. Und wenn ich auch im direkten Anschluss keine weiteren Konsequenzen daraus zog - eine Woche später lag ich schon wieder völlig high auf meiner Couch - sollte dieses Ereignis einer der Grundpfeiler für den anstehenden Umschwung in meinem Leben sein.

Doch bis dahin sollte mir das Schicksal noch einige Male den Zaunpfahl über meinen Schädel ziehen.

Die gemeinsame Nacht mit dem Zuhälter

Meine Azubikollegin und beste Freundin Natascha sollte mir im Jahre 2007 - ich muss mittlerweile 19 gewesen sein - eine Erfahrung bescheren, deren Erinnerung mich bis heute zutiefst verwirrt und verstört. Wir saßen eines Abends in ihrer Wohnung, redeten, tranken Batida de Coco, lachten und sie erzählte mir von ihrem neuen Freund. Ein wohlhabender Kerl, ein hohes Tier in einer Bank und in der Club-Szene berühmt wie berüchtigt. Er klang zwar nicht nach meinem Geschmack Mensch, aber wer tat das schon. Zumindest schien er ein netter Kerl zu sein, wenn ich Nataschas Erzählungen Glauben schenken durfte.

Etwas später am Abend rief er sie an und sie verließ prompt das Zimmer. Natascha war die stärkste und selbstsicherste Frau die ich damals kannte, aber nun hörte ich sie in einem überraschend leisen und unterwürfigen Ton reden, wie ich ihn von ihr nie zuvor vernommen hatte. Sie erzählte von ihren neuen Fingernägeln, aus der Arbeit und ihrem ruhigen Fernsehabend, den sie gerade selbstverständlich alleine und ohne ihren besten Freund verbrachte. Sie klang dabei als würde sie mit ihrem überbesorgten Vater anstatt ihrem Partner telefonieren.

Eine paar Tage darauf wollte sie ihn mir dann vorstellen. Dabei erwähnte sie nebenbei, dass er ein stadtbekannter Drogendealer und Zuhälter war: unberechenbar, bewaffnet und gefährlich. Ich beschloss, beim neuen Partner meiner besten Freundin etwas guten Willen und Respekt zu zeigen, indem ich mit einem meiner Dealer den halben Tag durch die Gegend fuhr, um etwas Gras zu kaufen. Denn für einen guten ersten Eindruck gibt es keine zweite Chance.

Ein paar Stunden später öffnete uns ein großer, breiter, schwarzer Mann die Tür, begrüßte uns und ließ uns in eine Wohnung, die das genaue Gegenteil von ihm war: klein, schmal und weiß. Ich ging davon aus, dass dies nur eine kleine Absteige von ihm war, in der er Leute empfing, die er noch nicht kannte. Nachdem er einen Joint meines Mitbringsels geraucht hatte, fing er offensichtlich an mich zu mögen. Um sein Klischee weiterhin zu erfüllen, legte er etwas Gangsta-Rap auf und fing an, mir stundenlang zu davon erzählen, dass er ein Aggressionsproblem habe, dass Gewalt gegen Frauen fast immer in Ordnung sei, dass das älteste Gewerbe der Welt auch nicht mehr das sei, was es mal war und dass er wohl vor einiger Zeit mit seinen Brüdern ein ziemliches Massaker in einer Disco angerichtet habe. Ich musste ihn einfach mögen, denn ihn zu hassen traute ich mich nicht.

Es klingelte an der Tür und als er sie öffnete, hörte ich eine leise verzweifelte Frauenstimme, die ihm allem Anschein nach etwas Unangenehmes zu berichten hatte, da sich seine sowieso schon kräftige tiefe Stimme nun noch etwas weiter erhob und er die Person an der Tür mit Worten der Ungeduld und des Unverständnisses lauthals zurechtstutzte. Er knallte kurz darauf die Tür zu und stampfte mit einem leichten Grinsen zurück ins Zimmer. „Immer das gleiche mit den Nutten!" schimpfte er lachend.

Das Gras war ziemlich heftig und ich wurde, im Gegensatz zu ihm, langsam müde. Diese Schwarzen vertragen wirklich mehr von dem Zeug - ein weiteres Klischee, welches sich an diesem Abend für mich erfüllte. Da sich Natascha recht wohlfühlte, ließ ich mich von ihr überreden, noch etwas hier zu bleiben und fiel auf der ausgezogenen Couch in einen tiefen Schlaf.

Ich erwachte ein paar Stunden später recht unsanft, da ich nicht mehr alleine auf der Couch lag. Neben mir wälzten sich Natascha und unser Gastgeber lustvoll stöhnend hin und her. Der Kerl hatte mittlerweile sein weißes Muskelshirt ausgezogen und muss weit über 100 Kilo gewogen haben, denn als er sich auf meine rechte Körperhälfte wälzte und diese somit mit der Matratze verschmolz, schien er das nicht einmal ansatzweise zu registrieren. Oder das Gras hatte doch noch Wirkung gezeigt, was allerdings eher unwahrscheinlich war.

Es mag vielleicht bescheuert klingen, doch irgendwie hatte ich einfach nicht die Eier in der Hose, mich bemerkbar zu machen. Ich hatte heute genug von seinen unkontrollierbaren Wutanfällen und seinen Mordversuchen gehört. Natürllch wird einem viel erzählt, wenn der Tag lang ist. Wie viele Menschen hatte ich schon getroffen die versucht hatten, mir weiszumachen, sie seien harte Kerle und hätten was weiß ich wen schon plattgemacht. Doch Nataschas neuem Freund glaubte ich jedes Wort. Ich verhielt mich also ruhig und rang unter dem Gewicht von den zwei sich wild liebenden Menschen weiter nach Luft.

Am nächsten Morgen wollte ich so bald wie möglich hier weg. Ich hatte ein ernstes Wort mit meiner besten Freundin zu reden und wollte zurück in meine stinkende, unaufgeräumte Wohnung, in der sich vermutlich mein Mitbewohner mit einem Haufen Arschlöcher wieder bis in die frühen Morgenstunden die Birne weggekifft hatte und in meinem Zimmer mit meiner Playstation gespielt hatte. Völlig egal. Nur raus hier. Bevor es allerdings nach Hause ging, durfte ich die beiden noch etwas herumkutschieren - er hatte wohl noch etwas zu erledigen in einem anderen Teil der Stadt. Als wäre ich ein Chauffeur, setzten sich die beiden auf die Rückbank und er gab mir strikte Anweisungen, wohin ich zu fahren hatte.

Als wir dann endlich wieder alleine waren, hatte ich schließlich den Mut, den Mund aufzumachen und Natascha die Meinung zu geigen.
Was zur Hölle war los mit dieser Frau? Ich frage mich ernsthaft, wie man an so jemanden geraten kann und sich dann denkt „Hey, der Kerl macht einen ziemlich zuverlässigen, witzigen und einfühlsamen Eindruck. Mit dem lass ich mich ein!".
Natürlich machte ich mir auch Sorgen: wer sieht seine beste Freundin schon gerne in den Händen eines

menschenverachtenden, frauenverprügelnden, dro-
gendealenden Wahnsinnigen?

Zwischen den beiden war es glücklicherweise schon
bald wieder aus, doch ich schwor ihr feierlich, dass
ich mich eines Tages für diese Nacht rächen würde.
Bis heute hat sich dafür noch keine Möglichkeit erge-
ben, auch deshalb, weil Natascha seitdem alles in
ihrer Macht Stehende tut, um nicht in eine solche
Situation zu geraten.

Aber meine Rache wird kommen! Dafür werde ich
zwar eine stark beleibte und schwerkriminelle Zuhäl-
ter-Frau benötigen, aber manchmal muss man eben
Opfer bringen.

Der Gedanke „Viel schlimmer als dieses Erlebnis kann es nicht mehr werden" hielt sich einige Wochen. Dass ich mich erneut geirrt hatte, realisierte ich, als ich kurze Zeit darauf an eine Tür klopfte, und mir jemand plötzlich eine scharfe Waffe an den Kopf hielt.

Tony hatte wieder einen neuen Kontakt für Stoff aufgetan. Ich fragte mittlerweile gar nicht mehr, wie es dazu gekommen war. Diesmal sollte es sich jedoch um einen alten Bekannten von mir handeln. Es war niemand geringeres als Kevin, der Jägermeister trinkende Tätowierer, der meinen Rücken innerhalb eines Tages in eine bunte Narbe verwandelt hatte. Das offizielle Tätowieren hatte er jedoch mittlerweile an den Nagel gehängt. Das machte er nur noch zuhause auf der Couch. Um die Ursache hierfür rankten sich nur Legenden, welche unter anderem besagten, dass Kevin wieder auf Heroin war und in einem Wutanfall seine Lebensgefährtin und Mutter seines Kindes lebensgefährlich verletzte, indem er ihren Kopf mehrmals gegen die Heizung seines Tattoo-Studios geschlagen hatte. Ob das stimmte, werde ich nie sicher wissen, doch nachdem ich an diesem Abend eine halbe Stunde bei ihm verbracht hatte, traute ich ihm alles zu.

Tony hatte bereits zwei Mal bei Kevin eingekauft, heute war ich an der Reihe. Zu Fuß war es ein Weg von etwa zwanzig Minuten, es war bereits dunkel.

Kevin erinnerte sich offensichtlich nicht an mich, als er mir die Tür öffnete und mich mit seinen glänzenden, tiefschwarzen Augen musterte.

„Ich bin es, der Berny, der Kumpel vom Tony!" versuchte ich ihn etwas eingeschüchtert zu erinnern. Vergebens. Durch den Türschlitz richtete er eine kleine silberne Handfeuerwaffe auf mich. Kevin war nicht der Typ, der einen mit Spielzeugwaffen bedrohte. Der Kerl hatte ein Hakenkreuz auf der Brust, trank Jägermeister zum Tätowieren und war offensichtlich wieder auf Heroin. Die Dunkelheit in seinen Augen sprach Bände. Ich spürte, wie mein Mageninhalt in einer mörderischen Geschwindigkeit eine Etage weiter hinunterrutschte. Ich dachte bis zu diesem Augenblick, dass „sich vor Angst in die Hose machen" eine veranschaulichende Redewendung sei. Heute weiß ich: Das geht wirklich. Ich begann zu schwitzen, kniff die Backen zusammen und gab mir die größte Mühe, meine Ausscheidungen in mir zu behalten. Ich blieb ruhig und erinnerte noch einmal mit einer zittrigen Stimme daran, dass er vor einer halben Stunde noch mit Tony am Handy darüber gesprochen hatte, dass ich ihn zu besuchen gedenke und wir uns bereits kannten.

„Ich kenn' dich nicht."

„Doch, du hast mich vor über einem Jahr tätowiert!"

„Zeig."

Während die Pistole noch immer in meine Richtung zeigte, drehte ich mich gehorsam um, zog mein Shirt aus und präsentierte ihm meinen Rücken. Als ich mich zurückdrehte, war die Knarre verschwunden und Kevin öffnete die Tür, während sich seine Gesichtsmuskulatur etwas entspannte. Ich wollte dort eigentlich nicht mehr hinein, doch ich hatte zu sehr Angst, seine Paranoia erneut anzustoßen. Ich folgte ihm gehorsam in sein Wohnzimmer, wo er das kleine silberne Ding auf ein Kissen warf. In diesem stark abgedunkelten Raum befanden sich noch zwei oder drei weitere Personen, die sehr still waren und sich wenig bis gar nicht bewegten. Kevin zog einen quadratischen Klumpen Haschisch, der die Größe eines Taschenbuches hatte, zu sich heran und fragte mich, wieviel er mir abschneiden solle. Ich nannte ihm den Betrag, welchen ich zu zahlen gedachte, woraufhin er aus seinem Tisch ein dort hineingerammtes großes Jagdmesser zog, es der Länge nach auf den Klumpen ansetzte und diesen schließlich mit einem Faustschlag zerteilte. Er zersplitterte in viele Einzelteile, manche davon fielen auf den Boden. Es kümmerte ihn nicht. Ich gab ihm das Geld, er gab mir im Gegenzug eines der größeren abgesplitterten Stücke. Als ich gerade gehen wollte, hielt er mich noch einmal zurück.

„Willst du Keinen rauchen?"

„Nee, danke, das mach ich daheim."

„Du rauchst jetzt noch Einen."

„Okay".

Überzeugungskraft hatte er.

Er stellte mir eine Bong vor die Nase, die bereits befüllt war und um Unruhe zu vermeiden, zögerte ich nicht lange. Ich setzte mein Feuerzeug an und nahm einen großen Zug - ich wollte ja Kevin und die weiteren Anwesenden, die sich nun zu mir gedreht hatten, zufriedenstellen. Mir wurde augenblicklich speiübel. Die Gestalten auf der Couch kicherten. „Was ist'n das für ein heftiger Scheiß?" stammelte ich während ich mich aufrichtete.

„Fliegenpilzmische!", lachte Kevin, der sich nun endlich entspannt hatte, „Schönen Abend dir noch, Gruß an Tony!".

Als ich die Wohnung verlassen hatte und auf einer unbefahrenen Straße in Richtung einer schwach schimmernden Laterne taumelte, blieb ich plötzlich stehen. Mein Magen rebellierte, alles drehte sich. Ich krümmte mich vor Schmerz und verlor dabei das Gleichgewicht. Während ich nun seitlich auf der Straße lag und versuchte, den Schmerz wegzuatmen, schob ich meinen Körper mit den Beinen von der Straße in Richtung Bürgersteig, um bloß nicht in diesem Zustand von irgendwem gesehen zu werden. Als hätte das nicht ausgereicht, bekam ich in diesem Augenblick ziemlich schlimmen Durchfall. Waren es die Fliegenpilzkrümel, die ich geraucht hatte oder die Todesangst die ich vor einer halben Stunde noch durchgestanden hatte? Eigentlich war es mir egal. Alles was gerade zählte, war, so unauffällig wie möglich in der Öffentlichkeit mein Problem in den Griff zu bekommen. Ich sah mich um. An den Gehsteig grenzte eine kleine Grünanlage an. Durch den Schwindel und die Schmerzen noch immer unfähig, mich sicher auf zwei Beinen fortzubewegen, krabbelte ich schwankend auf die Grünanlage, zog mir die Hose herunter und entleerte mich aus der Hocke mit einem gedämpften Schmerzensschrei. Der schöne

Grünstreifen am Rande des Bürgersteiges sah nun ziemlich beschissen aus. Ich fühlte mich tatsächlich etwas unwohl, dieses kleine Stück Natur so verunstaltet zu haben. Ziemlich unbeholfen rupfte ich mir ein paar der verbliebenen unbefleckten Blumen heraus, um mir meinen Hintern abzuwischen und schleppte mich schließlich unauffällig über Seitenstraßen nach Hause.

Ich entschied mich dazu, Kevin nicht noch einmal zu besuchen.

Als Tony einige Wochen darauf erneut bei Kevin war, zwang ihn dieser in einem weiteren Anfall von Verfolgungswahn dazu, sich die „Einkäufe" vor seinen Augen an die Hoden zu kleben, um für eine unvorhergesehene Polizeidurchsuchung gewappnet zu sein.

Wenn dein Lebensstil dich irgendwann einmal in solche Situationen bringt, koste es was es wolle, dann ändere deinen verdammten Lebensstil. Doch diese eigentlich sehr simple Erkenntnis sollte weiterhin noch etwas auf sich warten lassen.

Das beste Referat der Welt

Ich frage mich bis heute, warum vor mir nie jemand auf diese Idee gekommen ist. Es liegt doch eigentlich auf der Hand!

Eines schönen Tages in der Berufsschule bekamen wir den Auftrag, jeder für sich, ein Fünf-Minuten-Referat auszuarbeiten. Wir hatten eine Viertelstunde Zeit. Um mich herum klickten die Stifte und alle meine Klassenkameraden begannen sogleich eifrig mit der Arbeit. Einfach jeder schien sofort eine wahnsinnig tolle Idee zu haben. Ich sah mich etwas um, da ging es mitunter um den Euro, Britney Spears, das Grundgesetz, Pokémon, Hitler und die globale Erderwärmung. Jedem meiner Mitschüler schien sofort etwas in den Kopf geschossen zu sein, nur mir nicht.

Nach etwa 10 Minuten hatte ich, so war ich mir sicher, eine der wohl besten Ideen meines Lebens und stürzte mich enthusiastisch auf meinen Schreibblock.

Die Zeit war um und nach ein paar Vorrednern war nun endlich ich an der Reihe. Mit stolz geschwellter Brust eröffnete ich der Klasse und unserem Lehrer, dass ich für mein Referat das Thema „Referate" auserkoren hatte. Ich erklärte kurz, was Referate sind und worauf es ankommt, wenn man sie hält. „Es ist wichtig, frei zu sprechen, sich seiner Sache sicher zu sein und nicht stur einfach etwas von einem Blatt abzulesen", las ich etwas holprig der Klasse aus meinen Notizen vor. Man müsse beim Thema bleiben und dürfe sich nicht ablenken lassen, führte ich weiter aus und verharrte kurz mit starrem Blick aus dem Fenster. War da etwa ein Eichhörnchen?

„Haltet Blickkontakt mit euren Zuhörern", erklärte ich der Klasse mit unsicherem Blick auf den Boden, „das zeugt von Sicherheit und Professionalität!". Zuletzt legte ich meiner verwirrten Klasse und meinem grimmig dreinblickenden Lehrer noch an Herz, dass es nie verkehrt sei, am Ende eines Referates seine eigene Meinung über das Thema mit einzubringen und diese zu erläutern. Mit den Worten „Referate sind gut" beendete ich mein Referat und erwartete selbstverständlich tosenden Applaus und stehende Ovationen. Ich hatte nicht nur in 5 Minuten alles zusammengetragen, was ich über Referate wusste, nein, ich habe noch dazu sämtliche vorgetragenen No-Go's absichtlich mit eingebaut, um diese noch weiter zu verdeutlichen! Eine Meisterleistung!

Ich bekam eine 4. Eine 4 Minus.

„Ich bring euch alle um!!"

Ein Stammgast unserer WG war Frank, ein Arbeitskollege meines Mitbewohners. Irgendetwas stimmte ganz und gar nicht mit Frank. Er hatte eine Art und Weise an sich, wie ich sie nie zuvor und auch nie wieder danach jemals auch nur ansatzweise bei sonst jemandem wahrgenommen hatte. Er war ein paar Jahre älter als ich, seine Augen waren stets weit aufgerissen und sein Körperbau zwar dicklich und klein, aber trotzdem immer in einer einschüchternden, angriffslustigen Körperhaltung aufgebaut. Er hatte ein wirklich abnormal überdurchschnittliches Selbstbewusstsein und eines seiner Lieblingshobbys war Schreien. Und zwar alles. Immer. „WAS IST HIER LOS?!" war stets seine Begrüßungsfloskel, wenn er durch unsere Eingangstür polterte, wobei er immer eine besondere Betonung auf das Wort „was" legte. Ich erinnere mich noch an den Zeitraum, als er ein paar Monate lang eine Freundin hatte. Wir bekamen sie nie zu Gesicht, aber in dieser Zeit pflegte er den ganzen Abend lang zu schreien: „ICH FICK MEINE ALTE SO HART!! ICH FICK SIE SO HART!!". Frank war verliebt. Wie süß. Er war sehr leicht reizbar und zögerte nicht, von einem Moment zum anderen aufzuspringen, um seinem Gegenüber Nase an Nase mit Prügeln, Verstümmelung und Mord zu drohen, sobald er sich auf welche Art auch immer angegriffen fühlte. Wie bei etwa 95% unserer Besucher (ab und zu kamen ja auch unsere Mütter mal vorbei) war auch bei ihm der Grund seiner Besuche nur der, bei uns von

Freitag auf Sonntag die volle Bandbreite an Betäubungsmitteln zu konsumieren. Und das machte ihm in dem Ausmaß so schnell keiner nach. Nicht selten war es der Fall, dass ich vollkommen platt auf der Couch lag, diesem Kerl dabei zusah, wie er beeindruckend unkoordiniert alles Mögliche wild durcheinander in sich aufnahm, und ich mir dabei auf meinem Trip die Frage stellte, was wir tun würden, wenn er jetzt an einer Schockreaktion oder einer Überdosis stirbt. Doch aus irgendeinem Grund passierte es einfach nie. Dieser drogenabhängige Schreihals musste einen ziemlich aufgeputschten Schutzengel haben.

Eines Freitag Abends kam er zur gewohnten Zeit vorbei und kündigte an: „DIESES WOCHENENDE SCHIESS ICH MICH AB!". Gut, der Satz stand bei uns beinahe an der Tagesordnung - auch ich selbst hatte ihn schon das ein oder andere Mal von mir gegeben. Aber soweit wir uns erinnern konnten, hatte er sich, seitdem wir ihn kannten, an JEDEM Wochenende abgeschossen. Aus seinem Mund klang es daher wie eine Prophezeiung, als würde etwas Dunkles, Böses über uns hereinbrechen. Wir eröffneten den Freitagabend damit, uns ein paar Stunden lang die Birne zuzukiffen und der daraus resultierenden Trägheit mit einer ordentlichen Menge Speed zu trotzen. Wir wollten ja noch in unsere Stammkneipe. Dort angekommen tranken wir, bis wir nicht mehr gerade stehen konnten, teilten uns vor dem Eingang schließlich noch ein paar Blunts, um schließlich, wieder aufgepeppt von Speed, den Heimweg anzutreten. Zuhause wurde der erfolgreiche Abend schließlich mit ein paar gestopften Bongtöpfen beendet. Ich legte mich auf die Couch in meinem Zimmer, genoss die angenehme Mischung zwischen dem Schwindel, den ich aufgrund des Alkohols empfand, und der Leichtigkeit des Marihuanas. Im Nebenzimmer hörte ich Frank noch immer putzmunter brüllen: „MORGEN SCHIESS ICH MICH RICHTIG AB!! ICH SCHIESS MICH AB!". Ich glaubte, eine Spur Enttäuschung aus seiner Stimme herauszuhören, was mich traurigerweise nicht einmal überraschte.

Am Abend darauf blieben wir zuhause, die Wohnung war wie gewohnt gefüllt mit Menschen, die ich hasste. Aus der Musikanlage ertönte deutscher Gangsta-Rap. Sido, Bushido, Aggro Berlin, dieser ganze monotone, seelenlos gestotterte Müll über Nutten, Drogen und wie obercool es ist, irgendetwas Verbotenes zu tun. Ich hasste mein Leben an diesem Abend noch etwas mehr als sonst, weshalb ich unsere Gäste verließ und in mein Zimmer stolperte, um ein wenig mit einer Freundin zu skypen. Frauen… Eines meiner vielen Probleme zu dieser Zeit war es, dass ich keine vernünftige Beziehung zu einer Frau aufbauen konnte, da ich diese nur mit nach Hause nehmen konnte, wenn mein Mitbewohner und somit seine Kumpanen definitiv nicht dort waren. Ich kapselte mich mit der Zeit immer öfter von der Gruppe ab, kehrte nur ab und zu zurück in Tonys Zimmer, um an der Bong zu ziehen und mich eine halbe Stunde später wieder in meine mehr und mehr geliebte Einsamkeit zu verkrümeln. Das war auch für diesen Abend geplant, doch nach einer Stunde klopfte es an meiner Zimmertüre und zwei von Tonys Freunden kamen herein, um sich zu mir auf die Couch zu legen.

„Alter, was da drüben abgeht, ist zu hart!", erzählten sie, „Der Frank raucht Crystal durch die Bong!". Das war tatsächlich mal etwas Neues. Ich ertappte mich dabei, dass ich ihn einen ganz kurzen Moment lang für einen harten, mutigen Kerl hielt. Die beiden machten es sich auf meiner Couch bequem und folgten gebannt meinem Skype-Chat. Die Freundin, mit der ich eigentlich chatten wollte, hatte Mädelsabend bei sich zuhause. Eine ihrer Freundinnen hatte sich irgendwann vor die Webcam gesetzt und wir lernten uns gerade kennen. Als ich den Chat schließlich beendete, hatte ich eine Handynummer und ein Date. Meine beiden Zuhörer waren absolut begeistert. Und ich bin der Ansicht, sie waren weniger begeistert, dass ich es geschafft hatte, in kürzester Zeit ein hübsches Mädchen kennenzulernen und schließlich ein Treffen auszumachen, nein, ich glaube sie waren begeistert, weil sie selbst für einen kurzen Moment erkannt hatten, dass es da noch mehr im Leben gab, außer sich wieder und wieder am Wochenende abzuschießen.

Mein kleiner Moment des Triumphes, den ich an diesem Abend so bitter nötig gehabt hatte, endete jedoch ganz abrupt, als die Tür mit einem lauten Knall aufsprang und Frank mit einem Jagdmesser vor uns stand. „WAS IST HIER LOS?!" brüllte er. Seine Augen waren wie gewohnt aufgerissen und seine Pupillen waren so stark geweitet, dass sie pechschwarz zu uns herüberblitzten. Sein Blick schweifte zu den beiden verängstigten Gestalten auf meiner Couch, die sich vor Angst meine Decke bis zum Kinn hochzogen. Mit dem Messer fuchtelte er den beiden im Gesicht herum und schrie „WORÜBER HABT IHR GEREDET???!!!". Ohne eine Antwort abzuwarten, fuhr er fort: „LEGT EUCH NICHT MIT MIR AN!!! ICH WARNE EUCH!!". Frank war völlig außer Kontrolle. Sein Gesichtsausdruck sprach Bände. Ich ging ein paar Schritte auf ihn zu und schrie „Alter, komm mal klar! Du bist hier zu Gast, also reiß dich zusammen!". Bisher hatte ich mit meiner Art eigentlich immer ziemlich einschüchternd gewirkt. Doch ziemlich unbeeindruckt widerholte Frank noch etwas bedrohlicher: „LEG DICH NICHT MIT MIR AN!!", das Messer hatte er nun direkt an meinem Bauch angesetzt und es stach bereits durch mein Shirt in die Haut. Ich ging wieder einen Schritt zurück und er begann, sein Messer wieder und wieder in meine Zimmertür zu rammen. „ICH BRING EUCH ALLE UM!!" schrie er.

Ich vermisste Manny. Ich vermisste ihn so sehr.

Ich hatte noch die Hoffnung, Frank würde vielleicht auf Tony hören. Der müsste doch mittlerweile mindestens genauso drauf sein. Als ich aus meinem Zimmer schritt und durch den Flur lief, fing mein sowieso schon schnell pochendes Herz plötzlich an, in einer beängstigend unnatürlichen Geschwindigkeit zu rasen. Als hätte ich einen Lauf von mehreren Kilometern hinter mir, schlug mein Herz von einem Moment auf den anderen gefühlte fünf Mal pro Sekunde. Als ich auf meinem Zahnfleisch schmeckte, was hier in der Luft lag, war mir alles klar. Frank musste gerade erst noch einen Zug aus der mit Crystal Meth gefüllten Bong genommen und den giftigen Dampf genüsslich in die Luft gepustet haben. Klasse - meine Wohnung war nun genauso schadstoffhaltig wie ein Drogenlabor.

Man wird es mir nur schwer glauben, aber ich bin an diesem Abend tatsächlich nicht gestorben. Franks Körper gab sehr bald den Geist auf, sank kraftlos auf der Kiffercouch in sich zusammen und blieb mit weiterhin aufgerissenen Augen ruhig liegen. Über eine Stunde stammelte er beim Ausatmen das Wort „Meth" vor sich hin, was ziemlich praktisch war, denn so wussten wir, dass Frank noch lebte. An Schlaf war für den Rest von uns in dieser Nacht jedoch nicht zu denken. In erster Linie allerdings wegen des Amphetamins, welches noch immer in der Luft lag.

Mein Freund Frank. Was wohl aus ihm geworden ist?

Amsterdam, die Zweite. Und Nutten in Paris.

Auch wenn man das etwas unglückliche Ende meines letzten Ausfluges nach Amsterdam mit einrechnet, blieb mir der Trip als wertvolle Erinnerung erhalten und bereits einige Monate darauf sollte ich erneut die Reise zu unseren holländischen Nachbarn antreten. Mit dem Firmenwagen meines Mitbewohners, der auf Betriebskosten tanken konnte, war die Anreise quasi umsonst und so machten wir uns mit drei weiteren Freunden auf, ein unvergessliches Partywochenende in Amsterdam zu verbringen.

Als wir dort ankamen war es schon recht spät und alle Coffeeshops hatten bereits geschlossen. Zwei von unserer Gruppe hatten sich bereits von uns abgespalten, da wir ununterbrochen von Drogenkonsum redeten, und so liefen wir etwas enttäuscht zu dritt durch die Innenstadt. Es dauerte kaum 5 Minuten, da lief ein sportlich gekleideter, muskulöser Kerl recht flott an uns vorbei und murmelte währenddessen etwas, dass sich wie „Kokain!" anhörte. Unser Dritter im Bunde reagierte recht schnell und tat laut unser Interesse kund. Wir bestellten ein paar Gramm Koks sowie jeweils zwei MDMA-Pillen und folgten auf Geheiß dem Dealer schließlich mit einem 10-Meter-Abstand unauffällig durch die Stadt. Nach einiger Zeit verschwand er in einem verfallenen Gebäude, kam kurz darauf ganz professionell mit dem von uns gutgläubig im Voraus bezahlten Stoff zurück und gab uns sogar eine kleine Kostprobe. Es war nicht so, als hätte ich genug Erfahrung gehabt um auf der Stelle einen Unterschied zwischen gutem und schlechtem Kokain zu erkennen, wollte allerdings vor dem Fremden einen coolen Eindruck machen und murmelte „Yeah man, that's good stuff!". Er würde den Tag nie vergessen, an dem er diesen dünnen deutschen Kerl mit dem blonden Irokesenschnitt und den weißen Jogginghosen getroffen hatte und diesem sein feinstes Koks verkauft hatte. Er würde mit Sicherheit an diesem Abend nach Hause zu seiner Frau und seinen Kindern gehen und zu ihnen sagen: „Ihr erratet nie, was mir heute bei der Arbeit passiert ist! Einen obercoolen Typen hab ich getroffen!".

Die Nacht legte sich über die Stadt und in einer abgelegenen Ecke warfen wir einfach alles, was wir erbeutet hatten, auf einmal ein und hatten tatsächlich in den nächsten paar Stunden das Gefühl, eine total lustige, kostbare Zeit in Amsterdam zu erleben. Wir trieben uns hauptsächlich unterhalb der Grachten herum und jagten uns gegenseitig über ein paar Hausboote, deren Besitzer uns auf Holländisch hinterherbrüllten. Und obwohl wir an diesem Abend nicht eine einzige sinnvolle Sache getan hatten, waren wir, als wir schließlich in unsere Betten fielen, vollends davon überzeugt, einen tollen gemeinsamen Abend verbracht zu haben.

Wenige Stunden später wurde bereits gefrühstückt - schließlich hatten wir viel vor - und zwar den ganzen Tag durch Coffeeshops tingeln! Nach drei Coffeeshops waren wir allerdings ziemlich platt, verkrochen uns gegen 12 Uhr mittags mit genügend Nachschub in unserem Hotelzimmer und rauchten dort, bis uns die Augen zufielen. Wann immer wir aufwachten legten wir noch einmal nach, und schliefen wieder ein. Da wir weder eine Bong dabeihatten, noch in der Lage waren Joints zu drehen, hatten wir uns in weiser Voraussicht aus einer großen zerschnittenen Cola-Plastikflasche und der gefüllten Badewanne (um Unterdruck zu erzeugen) ein Utensil zum Rauchen gebaut. So konnte man sich in kürzester Zeit mit wenig Mühe eine große Menge Rauch in die Lunge pumpen. So ging das den ganzen Tag, die Nacht hindurch, bis es schließlich wieder 12 Uhr mittags war und sich die Zimmertüre öffnete. Da wir seit Stunden ausgecheckt haben sollten, gab uns der Security noch 15 Minuten, um unsere Sachen zu packen und zu verschwinden.

Wie sollte es auch anders sein: natürlich erfolgte der Heimweg nicht ohne Hindernisse. Da sich bis auf mich die versammelte Mannschaft kurz vor der Abfahrt noch ein letztes Mal mit Gras, Pilzen oder beidem völlig abgeschossen hatte und ich demnach der „Klarste" von allen war, wurde ich zum Fahren verdonnert. Kurz nach der Grenze wurden wir an einem Rastplatz von einem netten, kontaktfreudigen jungen Mann angesprochen: „Die Personalausweise, bitte!". Obwohl jeder der Mitreisenden die bedauernswerte Geschichte meiner letzten Amsterdam-Reise kannte und ich jedem von ihnen noch einmal in aller Deutlichkeit ans Herz gelegt hatte, keine Betäubungsmittel mit nach Deutschland zu nehmen, hatte natürlich JEDER etwas dabei. Ein bisschen Häme konnte ich nicht unterdrücken, als Drogen im Wert von insgesamt etwa 200,- € konfisziert, die Personalien meiner Mitreisenden aufgenommen wurden und man ihnen klarmachte, dass sie mit einer Anzeige rechnen könnten. Bevor wir weiterfuhren, legte man uns ans Herz, einen freiwilligen Urintest zu machen, um die eigene Fahrtauglichkeit zu testen. Die Polizisten händigten jedem von uns ein Teststäbchen aus und fuhren anschließend weiter. Dass die Testergebnisse besagten, niemand von uns dürfe streng genommen heute noch irgendwo hinfahren, war keine große Überraschung. Die Grenzpolizisten hatten den Rastplatz mittlerweile verlassen und ich musste in wenigen Stunden bereits in einem Flieger nach Paris sitzen, also setzte ich mich todesmutig erneut hinter das Lenkrad und brachte die nun etwas griesgrämige Reisegruppe wohlbehalten nach Hause.

Paris sollte das Ziel unseres nächsten Familienurlaubes sein. Kaum 12 Stunden, nachdem ich Amsterdam ein weiteres Mal überlebt hatte, standen mein Bruder und ich etwas ratlos vor unserem Hotel im *Boulevard de Clichy*, einer Straße im tiefsten Rotlichtbezirk der Stadt der Liebe.

„Man muss keine Unsummen für eine teure Unterkunft ausgeben, um einen schönen Urlaub zu haben!" pflegte unsere Mutter zu sagen. Dementsprechend grell blendeten uns die Neonröhren vom *SEXODROME*, dem größten Sexshop Frankreichs direkt gegenüber unserer Behausung mit über 2.500m² voller Lust und Abenteuer nun entgegen. Als wir die Nachbarschaft unseres Hotels ohne unsere Mutter weiter erkundeten, sprach uns bald ein Mann an, ob wir nicht Lust hätten, uns in seiner neu eröffneten Bar auf ein kühles Getränk niederzulassen. „Warum nicht?", dachten wir uns. Was konnte schon passieren, wenn man sich von einem völlig Fremden in einer fremden Stadt in einem fremden Land an einen fremden Ort bringen lässt?

Natürlich würde die Geschichte etwas mehr hermachen, würde ich euch erzählen man hätte uns in einen finsteren, engen Kellerraum mit vergitterten, schallsicheren Fenstern gebracht, uns kopfüber an die Decke gehängt und ein paar Tage gefoltert, um Lösegeld zu erpressen. Ich muss euch jedoch enttäuschen: Wir fanden uns zwar tatsächlich in einem finsteren, engen Raum wieder, der allerdings lediglich eine schmuddelige Bar darstellte. Enttäuscht dreinblickende Gäste saßen mit gesenkten Köpfen an der Theke und ein unangenehmer Geruch stieg uns in die Nase. Als wir uns gerade umdrehen wollten, um zu gehen, zogen uns ein paar weiche Frauenhände in ein mit Schwarzlicht beleuchtetes Nebenzimmer und schlossen die Tür. An den Frauenhänden hingen zwei junge, knapp bekleidete Frauen, mit denen wir nun auf einer gemütlichen, großen runden Couch saßen und uns auf Englisch unterhielten. Man fragte uns unabhängig voneinander, wo wir herkämen, ob wir eine nette Anreise gehabt hatten und ob wir hier in Paris ein wenig die Sau rauslassen wollten.

„And what's your name?" fragte mich meine Gesprächspartnerin.

„I'm Berny!" antwortete ich, denn was konnte schon passieren, wenn man Fremden in einer fremden Stadt persönliche Fragen beantwortet.

„Oh, and this is your little Berny down here?" fragte sie, ihren Blick auf meinen Schritt gerichtet. Ohne eine Reaktion abzuwarten, beantwortete sie sich die Frage selbst, indem sie meinen Hosenstall öffnete und hineingriff. Wer hätte es gedacht: da unten befand tatsächlich mein „kleiner Berny". Das hätte ich ihr zwar auch selbst sagen können, aber man möchte in fremden Ländern ja nicht unhöflich erscheinen.

Irgendwie kamen wir aus der Geschichte nicht mehr heraus. Während mein minderjähriger Bruder gerade ebenfalls am Genitalbereich verwöhnt wurde, zählte mir meine neue Freundin mit meinem Penis in der Hand ihre Dienstleistungen mit Preisen auf. Und obwohl mir die Situation gar nicht so unangenehm war wie sie es hätte sein sollen, musste ich dem Treiben aus Geldknappheit ein Ende setzen. Wir hatten weder genug Bares noch Kreditkarten dabei und nachdem auch mein Bruder seine Zahlungsunfähigkeit glaubhaft gemacht hatte, schoben uns die Frauenhände wieder in einer bemerkenswerten Geschwindigkeit aus dem Zimmer. So ganz langsam realisierten wir, was da eigentlich gerade eben passiert war. Wir packten unsere Penisse wieder ein und verließen das Hotel von nun an nie wieder nach 21 Uhr.

Unsere Mutter glaubt uns die Geschichte bis heute nicht.

2007. Das dritte und letzte Jahr meiner Ausbildung sollte zugleich das Unerfreulichste sein. Ich hatte mir in meinen ersten beiden Lehrjahren ein solch einfaches Leben gemacht, dass mir über die Hälfte des Wissens fehlte, welches ich für die immer näher kommenden Abschlussprüfungen benötigte. Ja, ich weiß. Fast jeder denkt über sich selbst, er habe in seiner Ausbildung ganz schön viel Quatsch gemacht. Dann und wann mal müde im Unterricht gewesen. Sogar mal verschlafen. Am Donnerstag mal zu viel getrunken und am Tag darauf beschwipst zur Arbeit gegangen. Das sind diese Leute, die nach einer Prüfung ein „ziemlich schlechtes Gefühl" haben und schließlich auf die Note 3- mit einem enttäuschten „Ich hab's doch gewusst!" regieren. Diese Art von Mensch ist schlimmer als Hitler! Erst machen sie dir Hoffnung - du glaubst, du seist nicht der Einzige, der heute vollkommen versagt hat - um dir im Anschluss mit ihrem kranken und verschobenen Weltbild in den Rücken zu fallen. Nein, ich rede hier nicht von ein paar ausschweifenden Abenden, einem schwankenden Notendurchschnitt oder einem Schwips vom Vorabend. Ich hab es irgendwie geschafft, unabsichtlich den „Quatsch in der Ausbildung" auf ein völlig neues, nicht mehr lustiges Level zu heben. Und das holte mich nun so langsam ein. Über mein Privatleben verlor ich sowieso mehr und mehr die Kontrolle und großartig beliebt hatte ich mich mit meiner Einstellung in dieser Zeit weder bei Berufsschullehrern,

Ausbildern noch bei den meisten meiner Mitschüler gemacht.

Und trotzdem hätte das Schuljahr nicht besser beginnen können. Als zu Beginn der finalen Klassenstufe die Klassensprecherwahl anstand, wurde ich von einem Klassenkameraden zur Überraschung aller Anwesenden dazu aufgestellt. Ein schockiertes Raunen ging durch die Runde. Um mit allen Mitteln meine Übernahme dieses wichtigen Amtes zu vereiteln, ließen sich etwa acht bis zehn Mitschüler ebenfalls aufstellen. Die Gegenstimmen verteilten sich allerdings so gleichmäßig auf meine Gegenkandidaten, dass meine Stimme, mit der ich mich natürlich selbst gewählt hatte, schließlich die Entscheidende war. Blankes Entsetzen erfüllte den Klassenraum. „Sie nehmen die Wahl aber natürlich nicht an, oder?" fragte mich Frau Eisenschlag, unsere Klassenleitung. Und ich hatte es ursprünglich tatsächlich nicht vorgehabt. Ich hatte noch nie erlebt, dass ein Klassensprecher jemals irgendetwas für irgendwen getan oder gar erreicht hätte. Das Amt des Klassensprechers ist nichts weiter als ein Instrument zur Illusion von Gleichberechtigung. Außerdem war der Großteil meiner Klasse offensichtlich nicht von meinen Fähigkeiten überzeugt. Das Amt war mir ehrlich gesagt scheißegal. Und doch gab es auf diese so ungeschickt formulierte Frage meiner Lehrerin nur eine angemessene Antwort.

Ich hätte es nicht erwartet, aber sehr bald sollte es für mich als Klassensprecher tatsächlich etwas zu tun geben. Im Sportunterricht hatten meine Schützlinge an einem schulübergreifenden Volleyballturnier teilgenommen und dabei eine Urkunde gewonnen. Als man diese anschließend stolz im Klassenzimmer an die Wand hängen wollte wurde dies vom Konrektor der Schule, Herrn Schweinsteiger, der uns Rechnungswesen lehrte, untersagt. Herr Schweinsteiger stand kurz vor der Rente, hatte ganz offensichtlich bereits schon länger keine Lust mehr auf seinen Beruf und behandelte seine Mitmenschen mit einer unvergleichlichen Respektlosigkeit, die sich zu jeder Zeit bemerkenswert knapp vor der Grenze zur Beleidigung orientierte. Mit dieser Lehrkraft hatte wirklich jeder seine Probleme: selbst seine Kollegen ließen ab und zu durchblitzen, dass man seine Art nicht so ganz vertrat. Meine Klassensprecher-Ungerechtigkeits-Sensoren schlugen volle Kanne aus und so schritt ich ohne zu zögern zur Tat und warf mich verbal vor meine Schützlinge. Ohne Erfolg.

„Wenn Ihnen meine Entscheidung nicht passt, steht es Ihnen frei, sich an eine höherrangige Person zu wenden." grinste mir dieser bösartige Mensch entgegen.

Doch wer genau war denn nun eine höherrangige Person an die ich mich wenden könnte? Der Schuldirektor? Der bayerische Ministerpräsident? Unsere Bundeskanzlerin? Ich wollte unserem Rektor nur sehr ungern mit solchen Belanglosigkeiten auf die Nerven fallen. Sicher hatte er Wichtigeres zu tun. Ich setzte also einen Brief an die Bundeskanzlerin Frau Dr. Angela Merkel und einen an den Ministerpräsidenten

Herrn Dr. Edmund Stoiber auf, in welchen ich herzzerreißend meine aussichtslose Situation schilderte, Herrn Schweinsteiger einen „sehr bösen Mann" nannte und um Stellungnahme bat. Tags darauf brachte ich die Briefe zur Post und schickte sie per Einschreiben zur Bayerischen Staatskanzlei in München sowie zum Bundeskanzleramt in Berlin.

Da wir einen Beruf erlernten, in welchem wir für die Regierung von Mittelfranken arbeiten würden, hatte ich sogar eine kleine Hoffnung, dass die Briefe zumindest von jemand Hochrangigem überflogen werden würden, bevor man sie wegwarf. Es dauerte einige Wochen, da sollte ich tatsächlich Antworten erhalten. Das erste Antwortschreiben erreichte mich aus München, welches überraschend seriös besagte, dass *„eine Bewertung hier ohne Kenntnis der näheren Umstände nicht möglich"* sei. *„Zudem muss die Würdigung Ihres Anliegens dem zuständigen Fachressort vorbehalten bleiben"*, hieß es weiter. *„Mit einer entsprechenden Bitte haben wir Ihr Schreiben daher dem Bayerischen Staatsministerium für Unterricht und Kultus zugeleitet. Bis Sie von dort weitere Nachricht erhalten, bitten wir Sie um etwas Geduld"*. Das war doch eine Information, mit der ich arbeiten konnte. Das zweite Antwortschreiben erreichte mich einige Tage darauf, aus dem ein ähnlicher Text von einem Sekretär der Bundeskanzlerin hervorging. Und dann, nichts mehr.

Monatelang wartete ich auf eine Antwort auf die Frage aller Fragen: Dürfen wir jetzt endlich diese beschissene Urkunde aufhängen? Natürlich krähte bereits nach ein paar Tagen kein Hahn mehr danach. Doch ich war wütend, aufgekratzt und verletzt und ich wollte meine Wählerinnen und Wähler nicht enttäuschen. Als ich die Angelegenheit nach mittlerweile über einem halben Jahr bereits aufgegeben hatte, flog eines Morgens die Tür zu unserem Klassenzimmer auf und Herr Schweinsteiger stürmte wutentbrannt nach vorne an das Lehrerpult. Gut gelaunt hatte ihn zwar noch keiner von uns erlebt, aber der Hass, der heute in seinen müden Augen glänzte, war eine ganz klare Steigerung seines sonstigen Gemütszustandes. Wie es aussah, hatte das Staatsministerium für Unterricht und Kultus meine Anfrage mit einem Vermerk inklusive Stellungnahme an die zuständige Stelle beim Bezirk Mittelfranken weitergeleitet. Dort verfuhr man ebenso und sendete den Brief, dem mittlerweile drei Vermerke und zwei Stellungnahmen beigefügt waren, über das Bürgermeisteramt an das städtische „Amt für berufliche Schulen", und so weiter. Ähnlich verhielt es sich mit meinem Schreiben an die Bundeskanzlerin, welches ebenso seine Runden durch sämtliche Ämter und Behörden Bayerns drehte. Endstation war dann schließlich unsere Berufsschule, wo die Briefe, über und über mit Eingangsstempeln ihrer bisherigen Zwischenstationen bedeckt, meinem Schuldirektor auf den Tisch flatterten. Der Rektor meiner Berufsschule war, wie ich bereits vermutet hatte, ein vielbeschäftigter Mann und leitete den Brief deshalb mit einem entsprechenden Vermerk an seinen Stellvertreter, Konrektor Schweinsteiger weiter. Und der stand nun vor Empörung zitternd vor uns. Aus einem großen braunen Briefumschlag, welchen er auf das Pult knallte, quollen seitenweise Stellungnahmen, Anmerkungen und Hinweise heraus und man sah unserem Konrektor deutlich an: so gedemütigt hatte ihn, wenn überhaupt, schon sehr lange niemand mehr. In einem Tobsuchtsanfall, den wohl niemand der Anwesenden jemals vergessen wird, machte Herr Schweinsteiger seinem Ärger nun Luft und prophezeite meinen Schützlingen „verdammt schwere Zeiten". Die Wiederwahl konnte ich vergessen.

„Was für eine Urkunde?" fragte einer.

Doch mich traf es besonders schlimm, denn wegen „übler Nachrede" hatte er bereits Anzeige gegen mich erstattet. Und auch, wenn der Straftatbestand der üblen Nachrede nach dem Strafgesetzbuch nur dann besteht, „wenn die behauptete Tatsache erweislich unwahr ist", hatte das doch einen sehr bitteren Nachgeschmack. Im Lehrerzimmer muss man sich über diese Aktion totgelacht haben. Auch auf den Fluren der Schule sprach man mich nun immer öfter darauf an und klopfte mir auf die Schulter. Wie ich hörte, erzählt man sich diese Geschichte dort nach über zehn Jahren bis heute. Doch ich hatte eine Anzeige eines hochrangigen Lehrers am Hals und hätte darauf in meiner damaligen Situation doch gerne verzichtet. Irgendjemand muss es dann schlussendlich doch geschafft haben, Herrn Schweinsteiger zu beruhigen. Nach zwei Wochen kam er noch einmal auf mich zu und bot mir an, die Anzeige zurückzuziehen, sofern ich mich schriftlich vom Inhalt meiner Briefe distanziere. Als das erledigt war, wurde uns die

unendliche Ehre zuteil, dass uns der Rektor höchst-
persönlich in unserer Klasse besuchte und endlich die
Erlaubnis erteilte, unsere Urkunde aufzuhängen.

„Das hätten Sie mich auch persönlich fragen können"
merkte er an, während er mir einen mahnenden Blick
zuwarf. Als hätte er nichts Besseres zu tun.

Ja, vielleicht bin ich etwas über das Ziel hinausge-
schossen, doch letzten Endes hatte ich was ich wollte.
Spiel, Satz und Sieg.

Danke, Merkel!!!

Merci, dass es euch gibt!

Die alljährliche Kirchweih oder „Kärwa", wie wir Franken zu sagen pflegen, in einem unserer Nachbarorte stand an. Obwohl sie außer Bierzelt, Autoscooter und einer Losbude nicht viel zu bieten hatte, war sie stets gut besucht und wohin man blickte, sah man bekannte Gesichter. Der harte Kern unserer Altersgruppe traf sich auf einem Spielplatz, der sich zwar in unmittelbarer Nähe, jedoch bereits außerhalb des Geländes befand. So konnte man vor der Taschenkontrolle am Eingang noch ganz entspannt mitgebrachten Alkohol und Drogen konsumieren. Wir waren an diesem Abend eine Truppe von etwa sechs Personen, darunter mein Mitbewohner und zwei seiner muskelbepackten Bodybuilder-Kumpels aus dem Fitnessstudio.

So wenig Tony seinen Drogenkonsum zu dieser Zeit auch im Griff hatte, das Bodybuilding jedoch zog er konsequent etwa drei bis vier Mal pro Woche durch und dafür bewunderte ich ihn zutiefst. Dann und wann half er mal mit einer Anabolika-Kur nach, die sich immer über ein paar Wochen erstreckte. Ich injizierte ihm in diesen Phasen alle zwei Tage mit einer dicken Spritze intramuskulär ein ziemlich milchiges Zeug in seinen Trizeps. Darin wurde ich nach einer Weile sogar richtig gut und fühlte mich wie ein kleiner verrückter Professor. Einmal, als ich Tony gerade mal wieder das Zeug in den Arm drückte, flog durch einen Luftzug hinter mir die Türe zu und ich erschrak so sehr, dass ich die Nadel in seinem Muskel ziemlich übel herumriss. Schien ziemlich wehgetan zu haben. Die Wirkung des Testosterons war jedoch umwerfend: der Typ sah aus, als könnte er Bäume, ja ganze Häuser ausreißen. Das jedoch war der einzige Vorteil an diesem Zeug, denn sein Körper veränderte sich nicht nur äußerlich. Sein sexueller Trieb steigerte sich unaufhörlich, doch da er leider nur sehr selten unter (oder auf) Frauen kam, litt darunter wiederum sein Gemütszustand. Regelmäßig platzte ihm wegen Kleinigkeiten der Kragen, dann brüllte er vom Balkon oder warf irgendetwas mit voller Wucht gegen die Wand. Ich habe mich damals insgeheim immer ziemlich cool gefühlt, wenn ich in Begleitung von Tony und seinen aufgepumpten Kumpels unterwegs war. Gingen wir unseres Weges, drängte ich mich manchmal unauffällig in die Mitte, um es so aussehen zu lassen, als wäre ich ein Rockstar, der mit seinen Personenschützern einen Ausflug in die Welt der kleinen Leute macht. Wie unendlich realitätsfern diese Vorstellung war, sollte ich an diesem Abend am eigenen Leibe erfahren.

Wir erreichten den Spielplatz neben dem Festgelände, auf welchem gerade helle Aufregung herrschte. Ein Meth-Junkie rastete völlig aus. Er war etwa in unserem Alter, einige von uns kannten ihn sogar, und er musste eine Überdosis erwischt, oder mit zu viel Alkohol gemischt haben. Wie von Sinnen beleidigte, prügelte und stieß er lauthals schreiend und in einer Mordsgeschwindigkeit völlig wahllos alles, was sich um ihn herum bewegte. Es war stets derselbe Ablauf:

er fixierte ein Ziel mit den Augen, rannte darauf zu und stieß es mit voller Wucht von sich, während er üble Morddrohungen von sich gab. Aus Erfahrung wusste ich: Von Leuten, die auf dieser Droge einen solchen Zustand erreichen, hält man sich besser so fern wie möglich. Die fühlen keinen Schmerz, keine Müdigkeit und sind absolut unzurechnungsfähig. Wie Zombies, nur schneller und stärker. Leider war es zu spät und der Typ hatte uns bereits fixiert. Mit einem Affenzahn huschte er zu Tony und schaffte es tatsächlich trotz seiner Schmächtigkeit, diesen Muskelberg durch einen Stoß etwa einen Meter weiter nach hinten zu befördern.

„WAS SCHAUST DU MICH AN, DU OPFER?!", schrie der Kerl noch triumphierend. Ich entschied in diesem Moment, dass ich nur ungern geschubst werden wollte und als sich der Junkie nun in meine Richtung drehte und bereits zum Stoß ausholte, kam ich ihm zuvor, indem ich seine Stoßbewegung konterte. „Hör halt mal auf, du Depp!" murmelte ich etwas kleinlaut, ziemlich eingeschüchtert von seinem Gemütszustand, denn ich wusste: ich hatte durch meinen Widerstand mein Todesurteil unterschrieben.

Wie ein wildes Raubtier stürzte sich dieser Mensch nun lauthals schreiend auf mich und schlug wie besessen auf mich ein. Offensichtlich war er nicht alleine auf diesen Spielplatz gegangen, denn plötzlich befanden sich noch weitere Gestalten über mir, die mich festhielten und traten. Ich kann nicht genau sagen, wie viele es waren - zum Zählen fehlte mir in diesem Moment irgendwie die Ruhe. Eine Flasche traf mich mehrmals am Kopf. Durch einen kleinen

Spalt in diesem Knäuel aus Menschen sah ich meine Begleiter, die wie angewurzelt noch immer dort standen, wo ich sie zurückgelassen hatte. Nicht einer von ihnen rührte sich auch nur ansatzweise. Nach kurzer Zeit wurde mein Körper glücklicherweise ziemlich taub und ich nahm die Schläge und Tritte weniger als Schmerz, sondern nur noch als Erschütterungen wahr, als säße ich in einer Achterbahn, die mich hin- und herschleuderte. Meine Sicht verdunkelte sich und ich muss schließlich zusammengesackt sein, was dem Treiben ein Ende setzte und die Jungs dazu brachte, von mir abzulassen. Ich öffnete die Augen, eine Hand streckte sich mir entgegen und ich ergriff sie. Einer der Kumpels meines Mitbewohners half mir gnädigerweise beim Aufstehen und sah mir etwas besorgt ins Gesicht.

„Alles okay?"

„Nein."

„Deine Klamotten sind total zerrissen!"

Es war mir gerade allerdings scheißegal, wie es meinem Outfit ging. Ich war traurig. Weniger, weil mir niemand geholfen hatte. Ich war traurig, weil mich diese Tatsache kein bisschen überraschte.

„Das war so ein Durcheinander, am Ende hätten wir aus Versehen noch dich erwischt!"

So und nicht anders lautete die Ausrede, warum sich nicht einer meiner „Freunde" für mich eingesetzt hatte. Die schlechtesten Personenschützer aller Zeiten. Ich hätte sie alle feuern sollen. Selten hatte ich an einem einzigen Abend so viel über Menschen und deren Verhalten gelernt wie an diesem.

Der Abend war für mich gelaufen. Mein Gesicht und mein Magen schmerzten fürchterlich, mir war schwindelig und ich konnte mich nur mit Mühe auf den Beinen halten. Da es sonst niemanden von uns erwischt hatte, schleppte ich mich alleine nach Hause. Einige Meter entfernt prügelten sie gerade meinen alten Bekannten Matthias durch die Straße. Ein Ärmel seines Pullovers hing lediglich an ein paar Fäden und seine heruntergerissene Hose schleifte auf dem Boden hinter ihm her. Unsere Kirchweih. Wohin man blickte, man sah immer bekannte Gesichter. Schön.

Matthias erstattete am darauf folgenden Tag Anzeige und brachte mich dazu, mich dieser anzuschließen. Um die Anzeige zu untermauern, besuchten wir unsere Hausärzte, die uns unsere Verletzungen bescheinigen sollten: Mehrere Schädelprellungen, leichte Gehirnerschütterung und vollständiger Tetanusschutz. Oh, und bis heute wird mein Kopf von zwei ziemlich symmetrischen Dellen links und rechts geschmückt. Aber die mag ich irgendwie.

Wir fanden uns tatsächlich einige Monate darauf in einem Gerichtssaal wieder und staunten nicht schlecht, als das Vorstrafenregister des Angeklagten und seiner Freunde verlesen wurde. Wir waren beinahe etwas froh, lediglich mit einigen Beulen, Schrammen, Dellen und zerrissener Kleidung aus dieser Geschichte herausgekommen zu sein. Das gehörte beinahe zum Nettesten, was dieser Typ je getan hatte. Man hatte ihm schon lange zuvor wirklich,

wirklich viele Chancen gegeben. Jetzt waren wir live dabei, als das Fass überlief, man ihn endlich zur Rechenschaft zog und zu einer Gefängnisstrafe verurteilte.

Ich empfand gar nichts. Keine Erleichterung, keine Schadenfreude, kein Mitleid. In meinem Unterbewusstsein hatte ein Prozess begonnen, der meine Emotionen, vermutlich aus Selbstschutz, mehr und mehr unterdrückte. Vielleicht hätte sich das mal ein Doktor ansehen sollen, vielleicht hätte ich einfach mal weinen sollen. Vielleicht war es aber auch absolut notwendig, für das was da noch kommen sollte.

Es war abzusehen, traf mich aber doch ziemlich unvorbereitet und niederschmetternd. Ich hatte die Abschlussprüfung ziemlich verkackt – und zwar in wirklich jedem prüfungsrelevanten Fach. Doch meine Ausbilderin hatte mich noch nicht ganz aufgegeben. So fand ich mich einige Wochen später in einem Aufbauseminar nahe der österreichischen Grenze wieder, in welchem man in einem Gasthaus die Creme de la Creme meines Ausbildungsjahrganges aus ganz Bayern versammelte. Das Seminar war für drei Wochen mit Übernachtungsmöglichkeit im selben Gebäude angelegt und über die Wochenenden fuhr man nach Hause. Jeder von uns war durch die Abschlussprüfung gerasselt, doch keiner so extrem wie ich, somit konnte ich mich mit Fug und Recht den schlechtesten Azubi meines Berufszweiges im ganzen Bundesland nennen. Schafft auch nicht jeder. Während also jeder der Teilnehmer nur bei für ihn relevanten Fächern am Unterricht teilnahm und den Rest der Zeit zum Lernen nutzte, war ich dort als Einziger durchgehend anwesend. Zutiefst deprimierend und nüchtern unerträglich!

Als es für mich also eine Woche später wieder zur österreichischen Grenze ging, war ich vorbereitet und hatte genug Pot und Alkohol für alle dabei. Es überraschte mich beinahe etwas, dass ich unter den Wiederholern nur einen Gleichgesinnten fand, der sich von nun an jeden Abend mit mir das Hirn zerschoss.

Markus war leicht übergewichtig, hatte mittellange Dreadlocks und war mit einem alten abgeranzten VW-Bus angereist, den er grün lackiert und mit dem Wort „POZILEI" beschriftet hatte.

In diesem saßen wir nun am vierten Abend in Folge zu später Stunde und hatten uns bereits ziemlich die Lichter ausgeschossen, als mir Markus zwischen unzähligen leeren Bierflaschen und ausgedrückten Joints etwas anvertraute.

„Ich steh total auf Tine"

„Tine? Du meinst die Blonde aus der zweiten Reihe?"

„Ja, Mann."

Weder er, noch ich hatten bisher ein einziges Wort mit ihr gewechselt.

„Ja, die sieht schon verdammt heiß aus."

„Meinst du, sie steht auch auf mich?"

„Das.. äh.. Das weiß ich nicht."

„Vielleicht sollte ich sie fragen."

„Gute Idee, Alter!"

„Komm, wir gehen!"

„Du willst sie JETZT fragen?!"

„Natürlich!"

Es war etwa halb 2 und ich überlegte kurz, wie ich ihm das ausreden sollte.

„Ach, was soll's. Ich bin dabei!"

Da wir natürlich keine Ahnung hatten, welches Zimmer das von Tine war, blieb uns nichts anderes übrig, als es an jeder Tür zu probieren.

„TINEEE?!", brüllten wir völlig rücksichtslos in jeden der dunklen Räume, welche wir öffneten.

„Verpisst euch!", „Was ist los mit euch?", „Seid ihr noch ganz dicht?", „Ihr dürft hier drin nicht rauchen!", „Macht das Licht wieder aus!" – Obwohl wir im Namen der Liebe unterwegs waren, begegnete man uns ausschließlich mit Ablehnung und Verachtung. Unromantisches Pack.

Der sechste Versuch war schließlich von Erfolg gekrönt und wir fanden Tine in ihrem Bett, wie sie sich gerade irritiert aufrichtete und uns etwas überrumpelt ansah. Markus setzte sich ungefragt mit seinem Bier in der Hand an das Bett seiner Angebeteten und gestand ihr seine Gefühle. Sie unterbrach seine gelallte Liebeserklärung ziemlich bald mit den Worten: „Hast du mal auf die Uhr geschaut?!".

Markus sah auf die Uhr.

„Oh. Ganz schön spät."

„Ja."

„Dann lass ich dich jetzt schlafen."

„Danke."

„Gute Nacht!"

Wenige Stunden später weckten mich stechende Kopfschmerzen. Verdammt, der Unterricht hatte bereits begonnen. Aber immerhin war ich schon fertig angezogen. Glück im Unglück!

Als ich etwas verspätet den Schulungsraum betrat, fehlte von Markus jede Spur. Er ließ sich auch den restlichen Tag über nicht mehr blicken. Sein Zimmer war leer, sein VW-Bus war verschwunden und ich habe ihn nie wieder gesehen. Er musste an diesem Morgen vor Scham so sehr im Boden versunken sein, dass er einfach seine Sachen gepackt hatte und nach

Hause gefahren ist. Oder habe ich mir diesen Kerl vielleicht nur eingebildet? Im Nachhinein bin ich für diese Fügung des Schicksals ziemlich dankbar, denn in der letzten Woche des Aufbauseminares habe ich aufgrund der weniger ausschweifenden Abende tatsächlich noch etwas lernen können.

Ein paar Wochen später stand die Wiederholungsprüfung an. Ich hab sie erneut in den Sand gesetzt, diesmal jedoch lediglich in zwei Fächern. Durch eine letzte mündliche Ergänzungsprüfung konnte ich meinen Notendurchschnitt schließlich so weit anheben, dass es ausreichte. Ich hatte es geschafft! Ich hatte einen der schwierigsten Ausbildungsberufe Deutschlands gemeistert! Man hatte mir weitaus mehr Chancen hierfür gegeben, als ich verdient hatte, aber letzten Endes hielt ich das selbe Zeugnis in der Hand, wie der Rest meiner Klasse.

Heißt das jetzt, schwänzen, berauschen und feiern wie ein Rockstar statt seinen Abschluss zu machen ist unbedenklich und nachahmenswert? Ja, das dachte ich in diesem Moment tatsächlich! Heute weiß ich: ich hatte mehr als nur Glück. Ich weiß, dass man in anderen Ausbildungsberufen bereits für weniger gefeuert wird. Ich weiß, dass ich heute deutlich besser verdienen würde, hätte ich damals akzeptiert, dass Lehrjahre nun mal keine Herrenjahre sind und ich weiß, dass man so ein Leben nicht führt, ohne früher oder später den Preis dafür zu zahlen.

Bewaffnet, gefährlich, unwiderstehlich.

Ein trauriger Höhepunkt meiner vier Jahre im Drogensumpf war Melissa, die im Jahre 2008 in mein Leben trat. Sie war wunderschön, schlank, hatte etwas Geheimnisvolles, anziehend Diabolisches in ihren Augen und sie schaffte es mühelos, mehr Rauch in ihre Lunge zu bekommen als mein Mitbewohner, was eigentlich ein Ding der Unmöglichkeit war. Melissa liebte es zu tanzen, zu feiern, zu kiffen und sich selbst mit einer umgebauten Nähmaschine zu tätowieren. Wir lernten uns auf einem Volksfest kennen, auf welchem ich mich, wie sollte es auch anders sein, ziemlich abgeschossen hatte. Ich muss ausgesehen haben wie eine wandelnde Leiche und das hatte sie, ich zitiere: „mega angetörnt". Unsere ersten Treffen zu zweit waren magisch. Sie hatte eine Art und Weise an sich, die mich so sehr faszinierte, dass ich sie bei unseren ersten Begegnungen oft mit einer Kamera aufnahm und mir die Aufnahmen von unseren Gesprächen und Aktivitäten anschließend immer wieder ungläubig ansah. Natürlich hatte sie keinen Job und nur wenig Geld und zog sehr bald unentgeltlich bei uns ein. Sex hatten wir während unserer Beziehung nur sehr selten, für so etwas waren wir meistens auch zu zugedröhnt. Dafür hatte sie umso mehr Sex, wenn ich arbeitete. Oder schlief.

Ich werde von diesem Absatz an das Wort „Freund" des Öfteren in Anführungszeichen setzen, da es sich in diesem Zusammenhang einfach falsch anfühlt, diesem eigentlich durch und durch positiven Begriff nicht in irgendeiner Form die Intensität zu entziehen.

Wie Tony mir eines Abends ganz nebenbei erzählte, lud sie sich regelmäßig während meiner Arbeitszeit ihre / unsere / meine „Freunde" ein, um meine Couch, auf der wir nachts schliefen, zu ihrem Vergnügen zu nutzen. Da jetzt jeder auf meine Reaktion hierauf gespannt war und ich sowieso durchgehend meine Sinne betäubte, ging ich mit der Information relativ gelassen um und beließ es dabei, ganz erwachsen ihre Klamotten in Müllsäcke zu packen und mitsamt Melissa aus der Wohnung zu werfen - natürlich nicht, ohne in jedes ihrer Kleidungsstücke vorher ein paar Löcher zu schneiden. Versteht sich ja von selbst.

Mein bester „Freund" und Mitbewohner verstand sich jedoch so gut mit ihr, dass sie nach einem kurzen Aufenthalt in einer Entzugsklinik schon bald wieder unser Gast war. Und tatsächlich fanden wir kurzzeitig noch einmal zueinander, denn irgendetwas Unaussprechliches hatte sie an sich, das mich sie gleichzeitig hassen und vergöttern ließ.

Es dauerte nicht lange, als ich auf einer Party bei einem unserer „Freunde" einschlief, da verdrückte sie sich mit dem Gastgeber nach oben in das Zimmer seiner Eltern, um sich nach vollzogenem Geschlechtsverkehr zurück zu mir zu legen und am nächsten Tag in meinen Armen aufzuwachen. Jeder hatte es gewusst, keiner mir gesagt. Bis man mir diese Information schließlich zukommen ließ, waren bereits wieder einige Wochen ins Land gegangen und die beiden hatten sich wohl mittlerweile des Öfteren hinter meinem Rücken getroffen. Es wäre gelogen zu behaupten, das hätte nicht unsagbar wehgetan. Natürlich war sie nun für mich endgültig gestorben. Nicht jedoch für meinen lieben Mitbewohner, der vermutlich dachte, „Solidarität" sei ein kostenloses Kartenspiel auf einem Windows-PC und so ging sie weiterhin bei uns regelmäßig ein und aus. Da ich meinem Umfeld offensichtlich nicht trauen konnte, vermied ich es, irgendjemandem zu zeigen wie unsagbar verletzt ich war. Wie sehr es schmerzte, sie zu sehen. Zu sehen, wie sie lachte. Wie wenig sie begriff, was passiert war. Zu sehen, wie sie zu keiner Zeit irgendeine Konsequenz zu befürchten hatte und mit allem davonkam. Diese verfluchte, bösartige, wunderschöne Kreatur, die nun dabei war, mir vollends den Verstand zu rauben, wollte einfach nicht aus meinem Leben verschwinden.

Als ich schon befürchtete, ich würde die mittlerweile doch ziemlich intensiv schmerzende Erinnerung an ihren Verrat und den meiner „Freunde" nie loswerden, zog sie sich eines Nachts im April 2009 eine Strumpfmaske über den Kopf und überfiel mit einer Schusswaffe die örtliche Tankstelle auf der Hauptstraße. Sie erbeutete laut den damaligen Zeitungsberichten einige hundert Euro und die diensthabende Angestellte kam mit einem Schrecken davon. Das ganze passierte etwa einen Kilometer entfernt von uns. Ich war heilfroh, dass sie zu diesem Zeitpunkt weder bei uns wohnte noch in irgendeinen Zusammenhang mit mir gebracht wurde. Doch ganz so knallhart, wie man sie sich jetzt vermutlich vorstellt, war sie dann letzten Endes doch nicht und so stellte sie sich einige Tage nach ihrem Raubüberfall freiwillig den Behörden. Sie verbrachte nun einige Monate in Untersuchungshaft, wo ich sie tatsächlich noch einmal besuchte. Als ich im Wartezimmer der Justizvollzugsanstalt saß, stellte ich mir irgendwann die Frage, WAS ZUM TEUFEL ich hier eigentlich tat. Was war es, das mich nach allem, was sie mir angetan hatte noch immer zurück zu ihr drängte? War es das pure Böse, das sie umgab und mich in seinen Bann zog? War es meine unergründliche Dummheit, die mich Zeit meines Lebens immer wieder mit voller Absicht das möglichst Idiotischste tun ließ? Oder war es gar Mitleid mit Melissas armer gebeutelter Seele? Ich erinnerte mich zurück an einen Abend, als ich sie auf einer Party verloren hatte und sie einige Stunden später in einem Zustand völliger Verwirrung mitten in der Nacht wieder vor unserer Türe stand. Ihre Augen waren weit aufgerissen, ihr Make-Up war verlaufen und ihr Haar stand in alle Richtungen. Vermutlich hatte sie mich mit irgendwem betrogen. Nachdem wir uns ins Bett gelegt hatten und einige Minuten geruht hatten, fing sie plötzlich an, wie von Sinnen markerschütternd zu schreien „MEIN EIGENER VATER HAT MICH VERGEWALTIGT!!!!". Kurz darauf schlief sie wie ein Baby. Ich nicht. Ja, vermutlich war es Mitleid. Nichtsdestotrotz rannte ich da einem Menschen hinterher, der mir alles andere als guttat. Was ich aus dieser und späteren Erfahrungen, jedoch erst viel zu spät, gelernt habe ist: Das Herz kann ein pulsierender Motor der Liebe, aber auch ein verdammtes Arschloch sein. Und wenn das Herz einmal euer Gehirn vollends übernommen hat, dann möge das Schicksal euch gnädig gestimmt sein! Mein Tipp: Bewahrt euch IMMER, egal wie unendlich schön das Gefühl der Liebe euch gerade auf Wolken tragen mag, einen kleinen Funken Restverstand und Vorsicht. Denn der vor Liebe Erblindete rennt eher gegen eine Wand als der mit den geöffneten Augen.

In einer Besucherzelle, die durch eine Glasscheibe in Insassen- und Besucherabschnitt geteilt war, wurden wir schließlich einander vorgeführt. Es war, als würde ich vor einer Kasse der Deutschen Bahn sitzen. Es gab sogar eine kleine Durchreiche, um Briefe und Fotos zu übergeben. Über eine Freisprechanlage konnten wir miteinander kommunizieren und ich brachte ihr als Geschenk die Autogramme ihrer Lieblingsrapper „K.I.Z" mit, die bei ihrer Autogrammstunde erstaunlich entsetzt auf meine Geschichte von Melissa reagiert hatten. Ich dachte bis dahin immer, so etwas wäre bei Gangsta-Rappern an der Tagesordnung. Als unsere Zeit um war, zeigte mir Melissa zum Abschied grinsend ihre Brüste und seitdem haben wir uns nie wieder gesehen.

Nach einigen Jahren Gefängnisaufenthalt gebar sie nach ihrer Entlassung, wie ich hörte ein Kind und ist bis heute, da bin ich mir ziemlich sicher, eine ganz, ganz tolle Mutter.

Als ich begann, immer mehr zu akzeptieren, dass das mit dem Zugehörigkeitsgefühl wohl einfach nicht mein Ding ist, erhielt der Hardcore Einzug mein Leben. Ausgerechnet Frank war es, der mich ganz oberflächlich in die Welt des „Hardcore-Punk" einführte. Eine neue musikalische Welt, ein völlig neues Lebensgefühl sollte sich mir eröffnen. Diese Musik, die einem durch ihre Inhalte und ihre Härte so viel Frustration und Enttäuschung über das Leben, so viel Hass gegenüber Unehrlichkeit und so viel Ablehnung gegenüber der in den Köpfen der Mehrheit festsitzenden Normalität und Langeweile ins Gesicht schmetterte, drückte haargenau das aus, was ich fühlte, aber nie auch nur ansatzweise in Worte fassen konnte. Als hätte jemand mein Gehirn an Lautsprecher angeschlossen. Ich fühlte mich tatsächlich verstanden und schöpfte von nun an einen Großteil meiner Energie und meines Durchhaltevermögens in jeglichen Lebenslagen aus den aufbauenden, meist sehr positiv gehaltenen Botschaften der Songtexte. Zur selben Zeit fand auch mein Bruder, ziemlich unabhängig von mir, den Weg in diese Szene. Hatte sich unser Verhältnis seit meinem Auszug aus unserem Elternhaus bereits immens gebessert, hielten wir trotzdem weiterhin einen gesunden Abstand voneinander, schon alleine deshalb, weil ich nicht wollte, dass meine Lebensweise ihn in irgendeiner Form beeinflusste. Der Hardcore sollte das für immer verändern.

Wir besuchten gemeinsam vermehrt Konzerte und Festivals, welche sich hauptsächlich auf diese Musikrichtung konzentrierten. Es machte den Anschein, als fühlten die Menschen dort ähnlich wie wir. Sie schüttelten, streiften und spülten dort all ihre Ängste und Enttäuschungen von sich. Sie kletterten übereinander, rannten aufeinander zu, zogen, rempelten, rissen aneinander. Wer hinfiel, dem wurde sofort aufgeholfen. Wer sich verletzte, um den kümmerte man sich. Wir sprangen von Bühnen in Menschenmengen, ließen uns von hunderten Händen durch Konzertsäle tragen, schlugen um uns, schrien aus voller Kehle und fühlten pure Freiheit. Das Leben. Kurzzeitig dachte ich sogar, ich wäre zuhause angekommen. Die neugewonnene Liebe zur Musik schweißte Martin und mich endgültig wieder zusammen. Wir belebten sogar unser altes Musikprojekt aus Kindertagen wieder. „BLUT UND TOD" - die gibt es übrigens bis heute - klingen ganz gut.

Was ich in der Hardcore-Szene letztendlich jedoch nicht finden sollte, waren Gleichgesinnte. Auf Konzerten, im Internet und selbst in der regionalen Bandszene wurden wir noch immer oft schief angesehen. Aufgrund unser Kleidung, aufgrund unserer Art oder gar aufgrund der Richtung, die die Musik von „BLUT UND TOD" einschlug. Innerhalb der Szene, meist im Internet, wird hauptsächlich darüber diskutiert, welche Unterkategorie des Hardcore-Punk die beste ist und anschließend beleidigen sich alle. Das familiäre Gefühl, die Gemeinschaft und das Vertrauen, welches der Hardcore-Punk lehrt, schien sich au-

ßer uns niemand herbeizusehnen. Selbst auf Musik-
festivals wurde nur gesoffen und sich, wenn auch
stets friedlich, gegenseitig inhaltslos vollgesülzt. Eines
Tages gründete Martin eine Band, deren Mitglieder
bis heute nicht ansatzweise verstanden haben, warum genau diese Musik etwas so Besonderes ist. Die
Jungs hatten Talent, sie haben es regional sogar zu
etwas gebracht. Meinen Bruder jedoch warfen sie
nach den ersten Erfolgen aus der Band, weil dieser als
Einziger den Hardcore-Gedanken verinnerlichte und
auslebte. Er pochte darauf, dass es nicht darauf an-
käme „was die Leute hören wollen", dass man nicht
auf den aktuellsten Mode-Zug aufspringen muss, um
gute Musik zu machen. Es sei unwichtig, beim Auftreten einen besonders bösen und harten Eindruck bei
den Fans zu machen, sondern wichtig sei „was man
dabei fühlen und erleben sollte". Vielleicht muss man
auch einfach etwas Scheiße erleben, um das zu verstehen. Auf Martins Abschiedskonzert erklärte der
Frontmann, dass mein Bruder „die Band leider im
gegenseitigen Einvernehmen verlasse", man ihm
„zum Abschied noch eine Überraschung vorbereiten
werde" und „man ihm alles Gute wünsche". Ich höre
Leuten immer gerne beim Lügen zu, aber das hier war
schon verdammt harter Tobak. Die Band gibt es bis
heute, der Erfolg gibt ihnen Recht und niemand wird
vermutlich je verstehen, warum dieser Haufen aus
Lügnern, Neidern und Mitläufern nichts davon verdient.

Ich musste mir eingestehen, dass ich zu voreilig mit
meinen Lobhymnen auf den Hardcore war. So sehr

ich die Musik, deren Botschaft und Inhalte sowie das Lebensgefühl dahinter bis heute schätze, der Rest dahinter sind eben doch nur Menschen.

Multitasking im Endstadium

In einer angrenzenden Gemeinde fand zurzeit wieder eine Kirchweih statt. Eigentlich hatte ich die Schnauze voll von diesen Veranstaltungen, doch dieses Mal hatte ich bessere Gesellschaft. Es hatte einige Jahre gedauert, doch ich hatte es irgendwie geschafft, einen unregelmäßigen, aber akzeptablen Kontakt zu meinem ehemaligen besten Kumpel Manny wiederherzustellen.

Mit ihm und ein paar Anderen plante ich einen vielversprechenden Abend:
Treffen in seiner Wohnung um 18 Uhr, Alkohol trinken, rauchen und Guitar Hero spielen. Anschließend angetrunken auf das Volksfest gehen, um noch mehr zu trinken und noch mehr zu rauchen.

Einen Abend bevor das Ganze steigen sollte, bekam ich von einem mir unbekannten Kontakt über ICQ (Wer es nicht mehr kennt: die damals angesagteste Chat-Plattform der 2000er) das Wort, oder eher die Buchstaben „BLUBB" gesendet. In der Annahme, es handele sich hier um eine neuartige Begrüßungs-Floskel, antwortete ich und fand bald heraus dass ich es mit Mannys scharfer 18-jähriger Ex-Freundin zu tun hatte. Ich hatte sie ein paar Wochen zuvor als Nina bei einer seiner Bandproben kennengelernt und ein, zwei Sätze mit ihr gewechselt.
Wir unterhielten uns über meine geplante Anwesenheit auf der Kirchweih und sie erzählte mir, dass sie

auch vorhabe zu kommen, gefolgt von einem weiteren „BLUBB".

In der Annahme, sie sei vermutlich einfach ein klein wenig bescheuert, ging ich nicht weiter darauf ein und unterhielt mich weiter mit ihr über ihre derzeitige Arbeits- und Wohnsituation und ob wir uns denn am folgenden Tag mal über den Weg laufen wollten. Auf meine letzte Frage reagierte sie, fast schon nicht mehr überraschend, mit einem „BLUBB".

Nun wollte ich es doch wissen. Als ich sie bat, mir zu erklären was sie mir mit dieser Buchstabenansammlung denn mitteilen möchte, zögerte sie kurz mit ihrer Antwort und ließ die Bombe dann doch platzen:

Bitte
Lass
Uns
Bumsen
Baby

Jugendsprache. Ich werde wirklich nie verstehen, wie man sich so hart gönnen kann, Brudi. Ich persönlich war und bin absolut kein Freund von Geschlechtsverkehr mit Ex-Freundinnen von Kumpels. Das führt einfach zu nichts Gutem. Wie heißt es so schön: „Was du nicht willst, das man dir tu', das füg' auch keinem anderen zu".

In Ordnung ist das Ganze allerdings, wenn der betroffene Ex-Freund des Weibchens dem Freund beteuert, dass er hierbei definitiv kein Problem hat. Das gibt es zwar nicht in Reimform, unter Männern handhabt man das aber trotzdem so. Also beschloss ich

Manny zu fragen, ob ihn diese Konstellation denn stören würde. Hätte er Bedenken oder Einwände gehabt, hätte ich das leicht enttäuscht hingenommen. So und nicht anders hätte ich es in dieser Situation von meinen „Freunden" erwartet. Manny war zwar etwas überrascht über mein Anliegen, hatte aber nichts dagegen und wünschte mir sogar viel Spaß. So erweiterte sich mein teuflischer Plan: Um etwa 23:30 betrunken nach Hause gehen – mit Nina.

Der Abend darauf, 23 Uhr. Ich hatte zu viel getrunken. Wir saßen alle im Bierzelt, sie saß mir schräg gegenüber und wir zwinkerten einander immer mal wieder zu. Geredet hatten wir noch nicht viel, das machte mir allerdings nichts aus, sie wurde nämlich seit geschlagenen drei Stunden von einem 17-jährigen Bub angemacht, der ihr in dieser ganzen Zeit sämtliche Getränke spendiert hatte, so blieb das schon mal nicht an mir hängen.

Ein mir nur zu gut bekanntes Pärchen gesellte sich zu uns. Ben, er war einer unserer Stammgäste zuhause, und Melli, meine Ex-Freundin. Die Beiden kamen damals zusammen, während Melli noch die Meine war, aber diese Geschichte voller Schmerz und Verrat soll an anderer Stelle erzählt werden. Sie hatte gerade ihren Führerschein bestanden und fahrfreudig, wie man da nun mal ist, bot sie mir an, Nina und mich nach Hause zu fahren. Natürlich nahm ich diesen Vorschlag dankend an, fahren konnte ich nämlich nicht mehr und das Laufen traute ich mir in meinem Zustand ebenfalls nicht mehr zu. Wir setzten uns also auf die Rückbank ihres Autos und fuhren los, während sich mein Zustand spürbar von Sekunde zu Sekunde verschlechterte. Da wir uns nun endlich etwas näher kamen, schließlich saßen wir ja nun schon nebeneinander, nahmen Nina und ich uns ganz romantisch an der Hand. Meine andere Hand wanderte ganz unromantisch zu ihrem Schritt und verschwand unter ihrem Rock. Ich war zu betrunken um die Situation und Ninas Absichten richtig einzuschätzen, so viel war klar. Trotzdem war ich erfolgreich und mein Zeige-und Mittelfinger fanden sich an ihrem Kitzler wieder. Währenddessen erreichte mein Zustand seinen Tiefpunkt und ich hatte die unglaublich tolle Idee, das Seitenfenster zu öffnen um Frischluft hereinzulassen. Als ich anfing aufzustoßen, begann mein Gehirn wieder zu erwachen. Jetzt zu kotzen wäre das Ende eines vielversprechenden Abends, der so gut hätte ausgehen können, doch es war in diesem Moment einfach unvermeidbar. Lässig streckte ich meinen rechten Arm aus dem Fenster, die linke Hand weiterhin tief vergraben in Ninas Höschen, und ließ meinen Kopf langsam ebenfalls aus dem Fenster gleiten, als würde ich mir etwas Fahrtwind gönnen. Ich drehte mein Gesicht entgegen der Fahrtrichtung und – ich bin heute noch stolz auf dieses Kunststück – ließ in drei kurzen und regelmäßigen Abständen einen immensen Schwall Erbrochenes ohne mehr als ein leises Geräusch, das ein bisschen an ein Räuspern erinnerte, auf die Welt los.

Ich konnte mein Glück kaum fassen: Weder Nina noch Melli noch Ben hatten es gemerkt! Idioten!

Nachdem ich mir meinen Mund heimlich am Ärmel abgewischt hatte, bat ich unsere großzügige Fahrerin kurz bei McDonalds zu halten, irgendwie musste ich diesen ekligen Geschmack aus meinem Mund spülen, und zwar bald, bevor es noch zu Küssen kam. Als ich dort mit stolzgeschwellter Brust aus dem Auto wankte - mal ehrlich, wer hätte gedacht dass ich aus der Geschichte heil herauskomme? - traf mich erneut der Schlag. Konnten die Probleme an diesem Abend denn nicht endlich ein Ende nehmen? Die rechte hintere Seite des Autos war komplett bedeckt mit meinem Mageninneren. Während ich weiter in Richtung der Fast-Food-Kette stolperte, kam ich nach kurzem Nachdenken zu dem Schluss, dass mir auch das gesprenkelte Seiten- und Hinterteil des Autos nicht eine Nacht voller Lust und Liebe verderben würde und so hielt ich weiterhin den Mund. Dem Freund der netten Besitzerin des vollgekotzten Autos, der stützend neben mir stand und das Ganze gerade realisierte, gab ich mit einer kurzen Handbewegung zu verstehen, sich das Lachen doch bitte noch so lange zu verkneifen, bis man uns zuhause abgeliefert hatte.

So sollte es dann auch sein: wir kamen 15 Minuten später endlich bei mir zuhause an, mein Zustand hatte sich nach dem Auswurf und dem fettigen Essen deutlich verbessert und meine Strapazen an diesem Abend sollten durch eine unvergessliche Nacht belohnt werden.

Seit diesem schicksalshaften Abend erzähle ich diese Geschichte jedem Menschen, der mir weismachen will, Männer seien nicht multitaskingfähig. Wenn ein Mann eine Frau mit einer Hand sexuell stimulieren UND gleichzeitig aus einem fahrenden Auto kotzen kann, und zwar so leise, dass es keiner der drei Mitfahrer merkt, dann ist das unzweifelhaft Multitasking im Endstadium!

Wie ich übrigens hörte, fand meine großzügige Fahrerin am nächsten Tag, nach wie vor im Ungewissen, die Schweinerei an ihrem Auto vor, mittlerweile schön festgetrocknet. Im Glauben, dies habe ein Fremder in dieser Nacht an ihrem parkenden Auto verrichtet, verbrachte sie eine Stunde damit, das stinkende klebrige Zeug abzuspülen, abzuwischen und abzukratzen. Als Ben ihr dann nach getaner Arbeit endlich eröffnete, wer für die Sauerei verantwortlich war, muss es einen Riesenkrach und anschließend eine lange Funkstille zwischen den Beiden gegeben haben.

Ich würde jetzt gerne den Zeigefinger heben und darüber schwadronieren, wie falsch das war. Aber mir tut das Ganze ehrlich gesagt nicht einmal ansatzweise leid. Die Beiden sollen in der Hölle brennen!

Warum? Dazu kommen wir noch.

Vom Regen in die Traufe

Durch meine beste Freundin Natascha, die mir bereits diese denkwürdige Nacht mit dem Zuhälter beschert hatte, lernte ich im Jahre 2009 Jessy kennen. Jessy und Natascha waren zu dieser Zeit die dicksten Freundinnen, gingen jedes Wochenende aus, stellten viele gemeinsame Bilder online und durch meinen engen Kontakt zu Natascha kam es dazu, dass auch Jessy und ich uns schließlich über den Weg laufen sollten. Ich spürte sofort, dass irgendetwas zwischen uns beiden einfach stimmte. Sie war sieben Jahre älter als ich, war weder sonderlich attraktiv noch gut gebaut und hatte außer einem faulen Zahn keinerlei Merkmale, welche sie in irgendeiner Art von anderen Mädchen abhob. Und doch war da irgendetwas, das sich richtig anfühlte. In den darauf folgenden Wochen verging kein Tag, an dem wir nicht stundenlang miteinander schrieben oder telefonierten. Eines Abends - mein Mitbewohner Tony und ich waren auf einer Geburtstagsparty - schrieb sie mir, sie sei gerade mit ein paar Freunden der Nähe. Obwohl wir zu diesem Zeitpunkt mal wieder ziemlich auf Meth waren und ich ihr so eigentlich nicht unter die Augen treten wollte, trafen wir uns eine Stunde später an einem U-Bahnhof, wo wir eine gefühlte Ewigkeit saßen und uns unterhielten. Ich stieg schließlich mit ihr in den Nightliner-Bus, welcher einen zu so späten Stunden an alle möglichen Ecken brachte, und so fuhren wir zu mir. Wir verbrachten unsere erste gemeinsame Nacht zusammen und es folgten ein paar wunderschöne Monate des Kennenlernens. Es war ein unbeschreibliches Gefühl, aus diesem Käfig, in welchem ich bis dato nur selten jemanden hatte, mit dem ich offen reden konnte, auszubrechen und mich endlich wieder öffnen zu können. Ich schränkte freiwillig meinen Drogenkonsum ein und entfernte mich emotional immer weiter von den Leuten im Nebenzimmer, deren Freundschaft sich in der Vergangenheit wiederholte Male als nicht mehr als eine Zweckgemeinschaft offenbart hatte. Wir hatten eine so schöne Zeit miteinander, dass sich unsere ersten Monate wie Wochen anfühlten. Ich erschrak regelrecht, als mir plötzlich bewusst wurde, dass mittlerweile ein halbes Jahr an uns vorbeigezogen war. Sie arbeitete eine Zeitlang in einem Krankenhaus in Stuttgart und wohnte dort in einer kleinen Ein-Zimmer-Wohnung direkt neben ihrem Arbeitsplatz, wo ich sie mindestens alle zwei Wochen besuchte. Sollte es tatsächlich mal gut für mich laufen?

Nein, sollte es nicht.

Die schlimmste Phase meines bisherigen Lebens sollte nun beginnen.

Ihr „anderes Ich" hatte sie bereits dann und wann kurz hervorblitzen lassen, doch so richtig zum Vorschein kam es zum ersten Mal, als wir auf den Tag genau ein halbes Jahr zusammen waren, ich unangekündigt mit Rosen und Musicalkarten auf ihrer Station im Krankenhaus stand und nach ihr suchte. Laut ihren Kolleginnen hatte sie ihre Schicht bereits beendet, also wartete ich in ihrer Wohnung auf sie. Sie kam ein paar Minuten darauf vom Einkaufen nach

Hause und freute sich mich zu sehen, bis ich ihr erzählte, dass ich bereits an ihrem Arbeitsplatz nach ihr gesucht hatte. Mit einem Mal rastete sie völlig aus. Stundenlang schrie sie mich wie von Sinnen an, was mir denn einfiele, mich in ihr Berufsleben einzumischen. Die rosarote Brille haben wir beide nach diesem Tag nie wieder gefunden.

Und obwohl ihre Stimmungsschwankungen in den darauf folgenden Monaten immer schlimmer werden sollten, wäre ich zu diesem Zeitpunkt meines Lebens nie auf den Gedanken kommen, mich von ihr zu trennen. Bevor ich sie traf, bestand mein Leben aus Arbeiten, Kiffen, Partys am Wochenende und mit Tonys Freundeskreis härtere Drogen nehmen, um zu vergessen wie erbärmlich mein Leben war. Mein Wunsch, ihrem Idealbild eines Partners zu entsprechen, zog mich aus diesem Teufelskreis und warf mich postwendend in einen anderen. Da ich weder innerlich noch äußerlich ansatzweise das war, was Jessy wollte, änderte es auch nichts an ihrem Umgang mit mir, als ich das Schwerste tat, was ich jemals tun sollte. Doch dazu kommen wir später.

In diesem Zeitraum gönnte ich mir mit meinem Bruder einen Urlaub auf Gran Canaria. Wir hatten uns etwas Ruhe und Abstand erhofft, wurden jedoch bereits am ersten Tag von obercoolen, braungebrannten Typen mit bunten Sonnenbrillen abgefangen, die uns auf allerlei Partys einluden und Tickets für anstehende Events andrehen wollten. Die Möglichkeit, dass da zwei jugendliche Typen auf einer

Insel Urlaub machten, ohne sich mit Gleichaltrigen jeden Abend sinnlos in Clubs wie Affen zu schlechter Musik zu bewegen, schien in der Welt unserer Gesprächspartner völlig ausgeschlossen zu sein. Aus welchem Grund sollte man denn sonst Urlaub machen? Wir erkannten recht bald, dass uns diese Partypromoter für die Dauer unseres kompletten Urlaubes auf die Nerven gehen würden, sollten wir nicht mitspielen. Wir kauften also einfach ein paar Tickets für Schaumpartys und andere seelenlose Events, die innovative Namen wie „Summer of 2009", „All night long" oder „Burning Beach" trugen und freuten uns schon wahnsinnig darauf, nicht an ihnen teilzunehmen. Selten habe ich mein Geld so sinnvoll angelegt. Als wir endlich den Strand erreichten, wurden wir abermals abgefangen. Diesmal standen uns und der Ankunft am Meer zwei stark beleibte schwarze Frauen in exotischen Gewändern entgegen. Die legten uns eigens geknüpfte Armbänder an und segneten diese in einer mir unbekannten, bedrohlich klingenden Sprache. „Liebe, Arbeit, Leben" sollte für uns in Zukunft viel Glück bereithalten, erklärte man uns. Segnungen haben ja bekanntlich noch niemandem geschadet, also bedankten wir uns ganz herzlich und wollten uns nun endlich in die Wellen werfen. Die beiden Damen forderten für diese Gefälligkeit nun jedoch eine kleine Spende in Form von mindestens 5 Euro pro Person. Wir hatten mittlerweile allerdings die Schnauze voll und weigerten uns diesmal entschieden, erneut für NICHTS zur Kasse gebeten zu werden. Die Frauen reagierten überraschend angefressen auf unseren Protest, rissen unsere Armbänder herunter, spuckten in deren Richtung, nahmen ihre liebevolle Segnung zurück und ersetzten diese durch ein paar Flüche. Wir genossen im Anschluss einige unvergessliche Tage am Strand, nahmen an vielen, vielen Partys nicht teil und vergaßen kurzzeitig den Fluch, mit dem man uns an diesem schicksalhaften Tag belegt hatte. Doch lange sollte es nicht dauern, bis ich ernsthaft darüber nachdachte, noch einmal an diesen Strand zu fliegen und diese beiden Voodoo-Hexerinnen aufzusuchen, um mich vor ihnen auf die Knie zu werfen und um Rücknahme dieses unmenschlichen Fluches zu betteln. Ich hätte ihnen sogar die geforderten 5 Euro gegeben, verdammt, ich hätte ihnen vermutlich das Tausendfache, meine Seele und ein Knoppers angeboten! Was immer nötig gewesen wäre, um die Welle der nun folgenden Ereignisse aufzuhalten!

Jetzt muss ich etwas zurückgreifen. Wir springen vorübergehend etwa ein halbes Jahr zurück in die Zeit, bevor ich Jessy kennenlernte. Da gab es dieses Mädchen namens Melli.

Ihr erinnert euch an die Geschichte mit dem Multitasking? Nein? Egal! Durch ein paar gemeinsame Bekannte lernten Melli und ich uns kennen und hatten einige Monate eine recht schöne Zeit zusammen. Eigentlich hätte mir von Anfang an klar sein müssen, dass wir nicht füreinander geschaffen waren. Sie trat mir stets nur stark geschminkt unter die Augen, trug auch im tiefsten Winter knappe Hotpants und trieb sich ansonsten eher beim angesagten Partyvolk in der Clubszene herum. Eine Welt, die ich weder jemals verstand noch verstehen wollte. Und das Allerschlimmste: Sie war jedes Mal regelrecht verstört, wenn sie bei mir im Auto saß und ich *The Exploited* aufdrehte. Wenn wir uns küssten bestand sie darauf, dabei ausschließlich gefühlvollen Deutschrap, wie zum Beispiel den „Künstler" *Curse* zu hören. Ach, und ihr Ex-Freund war gerade frisch aus dem Knast und drohte mir in regelmäßig eingehenden Kurznachrichten mit dem Tod.

Trotz dieser eindeutigen Zeichen für bevorstehendes Unheil fühlte es sich mit ihr bald richtig genug an, dass ich sie mit zu meiner Familie nahm und meinem Mitbewohner und Freunden vorstellte. Das Letztere hätte ich vielleicht sein lassen sollen. Ben, einer meiner damaligen engsten Vertrauten, verliebte sich sogleich in sie und machte auch keinen Hehl aus der Zuneigung, die er für sie empfand. Es dauerte nicht lange, da stellte er mir plötzlich aus dem Nichts und doch offensichtlich ernstgemeint die Frage, ob es für mich in Ordnung sei, wenn er mit ihr anbandeln würde. Ich war überfordert; ich konnte buchstäblich das Ausmaß dieser Frage nicht begreifen und so tat ich das für mich in diesem Moment einzig Richtige: Ich dachte nicht weiter darüber nach, tat es als Unfug ab und verneinte etwas verständnislos, aber deutlich. Mit Ben hatte mich bereits meine Knacki-Ex Melissa betrogen, das hätte vielleicht ein Warnsignal für mich sein können, aber vermutlich wollte ich es einfach noch einmal wissen.

Ein paar Tage darauf waren wir alle gemeinsam auf einer Party bei Ben. Seine Frage hatte ich längst vergessen, war trotzdem an diesem Abend irgendwie nicht in Feierstimmung. Ich fühlte mich einfach nicht gesellschaftsfähig und war körperlich etwas angeschlagen, weswegen ich die Party bald verließ und alleine nach Hause fuhr. Als ich dort ankam, erreichten mich im Minutentakt mehrere aufgeregte Kurznachrichten meines Mitbewohners, der mir unnötig genau beschrieb, welche Liebesspiele sich in diesem Moment zwischen Ben und Melli ereigneten. Ähnlich wie bei Melissa und doch unendlich intensiver brach mir in diesem Moment völlig unvorbereitet das Herz. Es tat unendlich weh. Aus Gutgläubigkeit oder eher aufgrund des Schutzmechanismus, nicht sehen zu wollen, was um mich herum passiert, wäre ich niemals auch nur ansatzweise auf den Gedanken gekommen, dass sich hinter Bens Frage mehr als nur Wunschdenken verborgen hatte. Vielleicht war es auch einfach nur pure Dummheit, oder mal wieder mein typisches Unverständnis für diese Welt. Während mein Handy weiterhin in meiner langsam herabsinkenden Hand unter den pausenlos eingehenden Nachrichten vibrierte, brach in meinem Gehirn ein Sturm los. Die Fragen - wie lange das schon lief, wer aus meinem Bekanntenkreis noch involviert war, wie ich mit diesem Wissen überhaupt weiterleben sollte oder warum mein Mitbewohner und bester Freund in einem solchen Moment nichts Besseres zu tun hatte, warum sich niemals irgendjemand für mich einsetzte - überschlugen sich, hämmerten von innen gegen meine Stirn und auf keine dieser Fragen sollte ich jemals eine angemessene Antwort erhalten. Ich war an diesem Abend so sehr verletzt, dass es sich tatsächlich so anfühlte, als wäre in mir etwas kaputtgegangen, als hätte ich Knochenbrüche und innere Blutungen, die dringend behandelt werden müssten. Ich bekam keine Luft mehr, wurde immer unruhiger und konnte weder stillsitzen noch war ich fähig, einen Muskel zu rühren. Mein Bruder besuchte mich an diesem Abend mit seiner neuen Freundin, um mich zu trösten. Die Beiden hatten anschließend Sex im Nebenzimmer. Schließlich köpfte ich eine im Kühlschrank ruhende Flasche Wodka und trank, bis ich einschlief. Ich würde gerne erzählen, dass ich sie wie im Film in einem Zug ausgetrunken hätte, aber ich fand Wodka bereits damals so eklig, dass ich nach jedem Schluck angewidert absetzen und eine kurze Pause machen musste. Wenigstens konnte ich noch irgendetwas fühlen.

So etwas wie Empathie gab es in unserer WG einfach nicht, also sollten auch Ben und Melli, so wie Melissa damals, weiterhin bei uns ein- und ausgehen. Immerhin war Ben auch nach wie vor einer der besten Freunde und der verlässlichste Dealer meines Mitbewohners. Und weil mir die Worte fehlten für das, was ich empfand und es sowieso nichts ändern würde, verteufelte ich Ben nicht weiter und schluckte meine Gefühle einfach wieder herunter - eine Fähigkeit, die ich in etwa diesem Zeitraum schließlich perfektionierte. Ein paar Monate darauf saß ich sogar wieder bei ihm und dröhnte mich mit dem Rest der Mannschaft zu, als wäre nie etwas gewesen. Was blieb mir auch anderes übrig? Ich versuchte, mir mein Dasein so angenehm wie möglich zu gestalten und die Drogen taten den Rest. Als ich mich eines Abends schön verstrahlt durch die Festplatte seines Rechners klickte, stieß ich auf ein paar Nacktfotos von Melli, die ich mir sogleich auf mein Handy zog, um Gerechtigkeit wiederherzustellen. Und vielleicht auch, um mich an ihnen zu erfreuen. Wer weiß das schon?

Dass ich in Besitz von hochbrisanten Nacktfotos von Melli war, sprach sich schnell herum. Brisant deshalb, weil auf den Bildern deutlich erkennbar war, dass sie einige Verschönerungs-OPs hatte vornehmen lassen. Was das zur Sache tat, verstand ich zwar nicht ganz und interessierte mich auch nicht besonders, doch urplötzlich wandten sich Menschen an mich, die sich vorher nicht einmal mit jemandem wie mir abgegeben hätten, wenn es überlebensnotwenig gewesen wäre. Freundinnen von Freunden, mir nur flüchtig bekannte, aufwändig gestylte Mädels, die ich in der Disco unserer Stadt nur heimlich im Vorbeigehen anzusehen wagte, standen plötzlich vor unserer Tür und wollten die Fotos sehen. Geschmeichelt, mich in solch hoher Gesellschaft zu befinden, ließ ich mich im Zuge dessen überreden, die Bilder den Damen weiterzusenden. Was konnte schon passieren?

Und jetzt wird es kompliziert, denn wir beenden nun unseren Sprung und befinden uns wieder in der Zeit, in der ich bereits mit Jessy zusammen war.

Silvesterabend 2009. Wir waren eine lustige kleine Gruppe aus etwa 20 Personen, darunter Jessy und Tony, und feierten auf dem Anwesen eines Bekannten im Nachbardorf. Wie eine unvorhergesehene Naturkatastrophe stürmte einige Stunden nach der Jahreswende Melli mit hochrotem Kopf mit Ben im Schlepptau die Party. Ihre Schminke war verlaufen, ihre linke Gesichtshälfte war zerkratzt und in ihren Augen befand sich nichts als purer Hass. Sie rannte durch den Vorgarten auf mich zu und ehe ich überhaupt realisieren konnte was passierte, prasselten unzählige Backpfeifen auf mein Gesicht ein. In der Disco war offensichtlich an diesem Abend die Bombe geplatzt und man hatte Melli mit den Fotos, die ich in Umlauf gebracht hatte, konfrontiert. Daraufhin muss es zu einer riesigen Auseinandersetzung zwischen den Mädels gekommen sein, welche in einer Schläge-rei geendet haben muss, was die Kratzer auf Mellis Gesicht erklärte. Diese Auseinandersetzung hatte nun schließlich ihren Verursacher erreicht und eine Recht-fertigung für das alles wollte mir beim besten Willen nicht einfallen. Natürlich wurde mir nun im großen Stil vor allen Anwesenden die „Freundschaft" gekün-digt, was mich wohl unter anderen Umständen ziem-lich zum Lachen gebracht hätte. Heikel wurde es al-lerdings, als sie mir mit der Polizei drohte, würde ich nicht vor ihren Augen die Bilder von meinem Handy und meinem Rechner löschen. Die Polizei hätte bei uns zuhause neben Nacktfotos wohl noch viele ande-re problematischere Dinge gefunden. Somit war die Party beendet und wir machten uns zu Fuß auf einen langen, unangenehmen und beschwerlichen Heim-weg. Dort vernichtete ich vor den kritischen Augen meiner Ex-Freundin die Beweise ihrer Brust-OP und hatte von nun an eine Freundin weniger im Leben. Welch ein Verlust. Ich bedauere ihn bis heute zu-tiefst.

„Auge um Auge", könnte man hier meinen und da-mals sah ich das tatsächlich so. Melli war auf meiner Seele herumgesprungen wie auf einem Trampolin, also zerstörte ich im Gegenzug etwas, das ihr wichtig war, und das war ihr Stolz. Ein klein wenig Reue emp-fand ich allerdings auch: ich wurde durch meine eige-ne Blödheit erwischt und hatte mir diesmal leider keine heimliche Kopie der Fotos angelegt - das zehrte schon sehr an mir.

Mittlerweile sehe ich die Dinge allerdings etwas anders. Warum Schlechtes tun, weil einem Schlechtes getan wurde? Warum Hass mit Hass begegnen? Warum sich auf eine Stufe mit denjenigen stellen, die einem wehgetan haben?

Warum fordern manche Menschen die Todesstrafe für Mörder und Pädophile? Sind wir in unserer Evolution wirklich erst so weit? Warum nicht einfach versuchen, etwas Besseres zu sein? Es sollte uns nichts das Recht geben, die Grundrechte anderer außer Kraft zu setzen, nur weil unsere niederen Instinkte danach verlangen. Abgesehen davon würde uns eine solche Lynchjustiz zurück in die Steinzeit befördern, in welcher wir uns wieder gegenseitig als Lösung für alles Keulen über die Schädel ziehen.

Wobei das dem Ausgang dieser Geschichte bestimmt auch eine Interessante Wendung beschert hätte.

Vom Regen in die Traufe, die Zweite

Es gab immer weniger, was mich in meiner gemeinsamen Wohnung mit meinem sogenannten besten Freund hielt. Sein Drogenkonsum verschlimmerte sich unaufhaltsam und die Gesellschaftsschicht unserer Besucher ließ ebenfalls immer mehr zu wünschen übrig. Obwohl ich mir selbst und Jessy Besserung gelobt hatte, wurde ich doch immer wieder rückfällig und versumpfte wieder und wieder in meinem alten Leben. Mein Bekanntenkreis außerhalb dieser Welt machte sich mehr und mehr Sorgen um mich, meine beste Freundin Natascha brach sogar eines Morgens in Tränen aus, als sie mein mittlerweile einfallendes Gesicht nach einem weiteren durchgemachten Wochenende begutachtete. Als sich eine Gelegenheit auftat und mir eine Kollegin eine bezugsfertige Wohnung anbot, fackelte ich nicht lange. Es war das Schwerste, was ich jemals tun sollte und doch stieg ich nun offiziell aus der Drogenszene aus. Ich kündigte ohne viele Worte den Kontakt zu allen Beteiligten um meine erste eigene Wohnung zu beziehen. Da das alles sehr plötzlich und unvorbereitet von statten ging, lief der Auszug auch dementsprechend problematisch. Alleine konnte sich Tony unsere Wohnung nicht leisten, die Kündigungsfrist lag jedoch bei drei Monaten. Darüber hinaus hatte ich alle Möbel, die ich vorerst nicht brauchte, einfach in meinem alten Zimmer gelassen. Es dauerte eine gefühlte Ewigkeit, bis die hasserfüllten Anrufe und Nachrichten von ihm und anderen Zurückgelassenen langsam abklangen.

Ein letztes Mal kam ich jedoch nicht darum herum, zurück in meine alte Wohnung zu fahren und beim Ausräumen zu helfen. Mein nun nicht mehr bester Freund hatte, so wie es aussah, in meiner Abwesenheit in einem Wutanfall mit einer Machete meine Schlafcouch sowie meinen Fernsehtisch zerhackt. Des Weiteren hatte er sich Ben, seinen nun nachgerückten besten Freund eingeladen, der mit seiner Freundin - meiner Ex - Melli auftauchte. Während ich Möbel auf den Sperrmüll schleppte, liefen die Beiden spottend neben mir her, um sich beispielsweise zu erkundigen, wie es denn meiner hässlichen Freundin ginge oder ob ich zufrieden mit meiner Einsamkeit sei. So oder so ähnlich muss sich Jesus Christus bei seiner Kreuzigung gefühlt haben, wobei man fairerweise dazusagen muss, dass sich der Kerl auf dem Kreuzweg möglicherweise etwas mehr Sticheleien gefallen lassen musste und ich im Gegensatz zu ihm danach ohne Nägel in den Händen nach Hause fuhr.

In den darauf folgenden Monaten war ich am Boden wie selten zuvor. Als zu allem Überfluss meine beste Freundin mit ihrem damaligen Partner schließlich nach Südafrika auswanderte, hatte Jessy mich nun völlig für sich allein. Anstatt mich zu stützen oder mir Trost zu spenden, von meinem Entzug mal ganz abgesehen, nutzte sie meine Schwäche, um mich in aller Ruhe zu ihrem Traummann zu formen. Mein Irokesenschnitt ging schon mal gar nicht, auch mein Kleidungsstil wurde angepasst und da ich zu dieser Zeit weder wusste, wer ich war noch wer ich sein wollte, ließ ich alles einfach geschehen. Ich war so froh und dankbar, meinem alten Leben aus dieser WG entkommen zu sein, dass ich einfach blind auf der Stelle stand und mich nicht weiter um Gegenwart und Zukunft scherte. War ich doch einmal anderer Meinung als Jessy, die mittlerweile bei mir eingezogen war und tat diese Meinung kund, trennte sie sich für ein paar Tage von mir, um mich im Anschluss gnädigerweise zurückzunehmen.

Aber alles halb so wild, dachte ich mir, könnte ja schlimmer sein! Und das konnte es tatsächlich. Im Oktober 2010 zog man mir eines Morgens im Büro den Stecker aus dem Rechner und kündigte mir fristlos, mit dem Vorwurf, ernstzunehmende kriminelle Handlungen begangen zu haben. Ich denke, man hat meinen Flüchtigkeitsfehler deswegen so benannt, weil es eine Kündigung eben besser untermauert, als „Ihnen ist unabsichtlich ein Fehler unterlaufen, der jedem hätte passieren können und tatsächlich in genau dieser Form mehrmals diversen Kollegen passiert ist". Mein exzessiver Lebensstil, die durchgemachten Nächte und die daraus resultierenden schwankenden Arbeitsleistungen hatten mir bereits im Vorfeld die eine oder andere Abmahnung beschert. Der Entzug, die Einsamkeit und die Freundin, die mir aufs Dach stieg, wenn ich nicht nach spätestens 30 Minuten auf ihre unentwegt eingehenden Textnachrichten antwortete, taten ihr Übriges und so sollte mein jüngster Fauxpas mein letzter sein. Auch eine nervenaufreibende Kündigungsschutzklage rettete mich nicht davor, von einem Tag auf den anderen in der Arbeits-

losigkeit und einer tiefen Depression zu landen. Verdammte Voodoo-Hexerinnen von Gran Canaria!

Jetzt habe ich des Öfteren den Begriff „Entzug" benutzt. Da, schon wieder! Wenn man dieses Wort hört, denkt man in erster Linie an weinende, schwitzende Menschen, die sich wie von Sinnen auf dreckigen Böden wälzen und dabei aus voller Kehle schreien. Ich bin froh, sagen zu können, dass ich nie ein solch extremes Beispiel eines Entzuges durchmachen musste. Von Crystal Meth herunterzukommen war allerdings jedes Mal aufs Neue eine sehr unschöne Geschichte, die sich anfühlte, als würden die Gedankengänge aus unerträglichem, purem Gekreisch bestehen und eine unsichtbare Macht einem dabei Fetzen aus der Seele reißen. Unvergesslich sind diese schrecklichen Sonntage, an denen ich schweißgebadet, dehydriert, kraft- und ruhelos im Bett lag und mir wünschte, meine Augen würden aufhören wie durch Zauberhand immer wieder aufzuploppen.

Was ich jetzt durchmachte, war eher psychischer Natur. Die meisten chemischen Drogen steigern die Denkfähigkeit, die Ausdauer, die Freude und die Rhetorik und je öfter ich dies zu meinem Vorteil oder Vergnügen nutzte, desto mehr setzte sich dieses Wissen in meinem Kopf fest.

Ein Beispiel: Eines Abends verabschiedete ich mich von Tony und machte mich auf die Reise zu einem Straßenfest meiner ehemaligen Nachbarschaft aus der Kindheit. Auf der Hinfahrt verursachte ich einen recht teuren Unfall mit einem parkenden Auto, den man rein hypothetisch mit dem Konsum von Crystal Meth in Verbindung bringen könnte. Nach einem kurzen Schreckmoment verließ ich den Unfallort recht flott und fand mich einige Wochen und ein Fahrverbot später in einem Rechtsstreit mit meiner Versicherung wieder, die verständlicherweise die Zahlung verweigerte. Ein Gerichtstermin stand an und mir schlotterten die Knie. Wie sollte ich dem Richter meine Sicht der Dinge angemessen und überzeugend schildern, ohne vorher etwas genommen zu haben? Undenkbar! Bereits Tage vorher telefonierte ich meine Kontakte ab, um mir rechtzeitig etwas pulverisiertes Hilfsmittel zu organisieren. Ich verschwendete viele kostbare Stunden mit Bitten, Betteln und Umherfahren, bis mir jemand etwas verkaufte. Letzten Endes sollte ich feststellen, dass es trotz meiner „Nachhilfe" keinerlei schlüssige Begründung für meine Fahrerflucht gab, meine Ausdrucksfähigkeit nicht von Belang war und sich abgesehen davon nichts Ausschlaggebendes verändert hatte. Ich blieb also auf den Kosten sitzen, meine Probezeit wurde verlängert, ich musste ein erniedrigendes Aufbauseminar absolvieren und war den ganzen restlichen Tag auf Droge. Toll gemacht, Berny, aus dir wird mal was werden!

Ich wünschte, ich könnte sagen ich hätte die Nachwirkungen meines Konsums mittlerweile nach beinahe 10 Jahren Abstinenz überwunden. Doch bis heute kommt mir beispielsweise bei Übermüdung oder einer durchgemachten Nacht das Gefühl wieder hoch, als würde man mir die Seele entreißen. Ich bilde mir ein, dass meine Finger riechen, als wären sie mit Amphetamin in Verbindung gekommen und eine Depression, die ihresgleichen sucht, überkommt mich. Wenn der Morgen anbricht und Vögel anfangen zu zwitschern: Für manche ein zauberhafter, magischer Moment. Ich möchte auf der Stelle tot umfallen. Jedes verdammte Mal. Toll gemacht, Berny.

Wann immer man mir predigte „Lass die Finger von Drogen", schaltete ich ab. Schon alleine deshalb, weil dieser Satz so furchtbar spießig und langweilig klingt. Als es mich dann plötzlich betraf, hatte ich mir längst zurechtgelegt, dass ich das Ganze ja im Griff hatte. Außerdem spritzte ich mir ja kein Heroin oder rauchte Crack. Alles halb so wild. Und genau das passiert im Hirn, wenn man bereits zu tief drin steckt. Man relativiert. Man möchte sich nicht damit auseinandersetzen, in welcher Entwicklung man gerade steckt, denn dann müsste man sich ja mit negativen Gedanken herumplagen. Jeder Freund, Dealer, Youtuber oder sonstiger Influencer, der etwas anderes behauptet, tut das genau aus diesem Grund.
Die meisten chemischen, aber auch viele pflanzliche Drogen, wie zum Beispiel Pilze, verändern bereits beim ersten Konsum deine Denk- und Verhaltensweise so extrem, dass man eigentlich nur einen sinnvollen, wenn auch furchtbar spießigen Rat geben kann:

Lass die Finger von Drogen. Manche Neugierden müssen nicht zwingend befriedigt werden.

Manchmal, aber nur manchmal...

Frei nach dem Motto „Man muss alles mal gemacht haben" wurde mir im Laufe meiner Beziehung mit Jessy eines Tages bewusst, dass ich bisher noch nie gewalttätig gegenüber Frauen geworden war. Skandal! Kein Wunder, dass sie in unserer Partnerschaft die Hosen anhatte! Nun war ich leider ein ziemlich friedliebender Mensch und wusste nicht, wie das mit der häuslichen Gewalt funktionierte. Bald darauf sollte sich mein Problem jedoch von selbst lösen.

Es wäre falsch zu behaupten, unsere Beziehung wäre nur schlecht gewesen. Zwischen all den schlechten Zeiten, die sie und ich gemeinsam hatten, verstreuten sich immer wieder ganz vereinzelt ein paar friedliche Momente und manchmal sogar Tage, die sich dann aufgrund der überwiegend schlechten Grundstimmung unserer Partnerschaft überdurchschnittlich angenehm anfühlten. Stellt euch vor, man würde euch mit dem Kopf unter Wasser drücken und alle paar Minuten kurz Luft schnappen lassen. Man rechnet es diesem Arschloch, das einen unter Wasser drückt, irgendwie doch an, dass es einen netterweise ab und zu mal auftauchen lässt. So oder zumindest so ähnlich war das mit unserer Beziehung.

Heute war wieder einer unserer schlechteren Tage. Es hätte ein ruhiger, sonniger Samstag werden können, bis ich die Dreistigkeit besaß, den Fernseher anzumachen, als Jessy im selben Zimmer im Internet surfte. Nach einer ziemlich überflüssigen Diskussion darüber, was ich in meiner Zwei-Zimmer-Wohnung alternativ anstellen könnte, solange sie an meinem Rechner sitzt, sprang sie vom Bürostuhl auf und packte ein Bündel Kabel, welches sich hinter dem Fernseher verbarg. Mit einem Ruck hätte sie sämtliche Kabel aus meiner Soundanlage, der Glotze, den Lautsprechern und meinem Computer gerissen und dabei einen verdammt teuren Schaden verursacht, also hastete ich ebenfalls zum Fernseher und versuchte, mit aller Kraft das Equipment zu retten. Ich fixierte dabei ihre Arme, um zu verhindern, dass sie an den Leitungen ziehen konnte. Gehen Menschen, die sich lieben, so miteinander um? Sind das diese typischen Streitigkeiten, die das Beziehungsleben so mit sich bringt? War das mal wieder eine dieser Situationen, die ich als völlig abwegig und überflüssig wahrnahm, die aber jeder andere Mensch als normal erachtete? Während ich mir diese Fragen stellte, verharrten wir einige Minuten angestrengt in dieser Position, bis Jessys Kräfte versagten und sie sich fluchend auf die Toilette verkroch, um zu schmollen. Zufrieden nahm ich wieder meine Position auf der Couch ein und für einen kurzen Moment glaubte ich sogar, das Übel abgewendet zu haben. Ich gutgläubiger Narr. Ich hatte vielleicht die Schlacht gewonnen, doch den Krieg kontrollierte Jessy allein. Sie verharrte so lange auf der Toilette, bis es mich ebenfalls in das Badezimmer zog, um mein kleines Geschäft zu verrichten. „Hier sitze jetzt ich!" schrie mir dieser halbnackte Mensch, auch noch 30 Minuten später entgegen. Sie hatte alle Zeit der Welt und genoss mit ihrem Handy in der

Hand stillschweigend mein wachsendes Unbehagen. Da es irgendwann anfing, unangenehm zu drücken, stellte ich mich schließlich neben sie, öffnete meine Hose, hängte meinen kleinen Freund in das Waschbecken und ließ es laufen. Zehn Zentimeter daneben nahm Jessys Gesicht eine interessante Farbe an, die ich im Nachhinein als exotischen Mix zwischen wütendem Rot und angeekelter Blässe beschreiben würde. Zum zweiten Mal an diesem Tag musste ich mir anhören, wie sehr sie mich verabscheute. In ihren Augen war ich nun das Widerwärtigste, was ihr jemals unter die Augen gekommen war. Ein Asozialer, weniger wert als der Dreck unter ihren Fingernägeln. Dinge, die man in Beziehungen halt im Eifer des Gefechtes so von sich gibt. Aber das war es wert: ich war erleichtert und musste nichtmehr pinkeln!

Nun war ich hungrig! Im Kühlschrank stand noch ein Stück von Omas gedecktem Apfelkuchen, welches ich mir auf einen Teller schaufelte und im Wohnzimmer auf dem Bürostuhl zu mir nahm. Jessy war plötzlich fertig auf dem Klo und wollte ihren (meinen!!) Platz auf dem Bürostuhl zurück. Da ich jedoch gerade mein Stück von Omas gedecktem Apfelkuchen genoss, ließ ich mir den Moment nicht nehmen und verweilte weiterhin auf dem Stuhl. Jessy raste mittlerweile vor Wut und trat unzählige Male gegen die Lehne des Stuhles. Ich hatte weitaus Schlimmeres erlebt, blieb also auf dem Stuhl sitzen, aß weiter an meinem Kuchen und gab mir dabei Mühe, mir durch die Erschütterung ihrer Tritte nicht mit der Gabel die Augen auszustechen. Als es ihr nicht einmal gelang, mir meinen

Appetit zu verderben, stürmte sie wutentbrannt ins Schlafzimmer und knallte mit voller Wucht die Tür hinter sich zu.

„Muss das sein, dass du hier so mit den Türen knallst?" fragte ich sie.

Ich war dem Drogensumpf entkommen, ich musste nicht mehr in Angst leben, dass mein Eigentum entwendet wird, sobald ich das Haus verlasse. Ich konnte sogar durch meinen Wohnungsflur laufen ohne nebenan gerauchtes Crystal Meth einzuatmen und in der Tür standen keine vollgedröhnten Freunde, die mich in ihrem Rausch abstechen wollten. Da konnte kommen was wollte, mich brachte so bald nichts mehr aus der Ruhe. Der Gedanke jedoch, dass sich meine Nachbarn über mein jämmerliches Leben kaputtlachten, wollte mir dann irgendwie doch nicht behagen.

Endlich hatte Jessy einen Weg gefunden, wie sie mir heute heimzahlen konnte, dass ich nie derjenige sein würde, zu dem sie mich machen wollte. Sie öffnete grinsend die Schlafzimmertüre und knallte sie so laut und fest sie konnte wieder und wieder in den Türrahmen. BUMM! BUMM! BUMM! BUMM! BUMM!!

BUMM!!!...

Beim zehnten Mal stand ich schließlich auf, legte meinen Teller und das Besteck beiseite und warf Jessy zwei Meter weit durch die Schlafzimmertüre in den Wäscheständer.

„Ich schmeiß ´ne Runde!" hätte ich sagen sollen. Dass einem sowas auch immer erst einfällt wenn es zu spät ist...

Entsetzt und sprachlos, wenn auch unverletzt, starrte sie mich mit offenem Mund an, als ich mich wieder auf meinen Bürostuhl setzte und meinen Kuchen weiter aß. Dafür, dass diese Aktion schon etwas extrem war, fiel meine Strafe überraschend milde aus: Eine Nacht, die sie im Anschluss an meinen gewalttätigen Übergriff, meine psychische und physische Folter, meinen unkontrollierten und unbegründeten Wutausbruch bei ihrer Mutter verbrachte und eine Woche Liebesentzug. Ich hatte die Hoffnung mittlerweile eigentlich aufgegeben, aber es sollte tatsächlich noch ein ruhiger, sonniger Samstag für mich werden.

Nein, weder bin ich stolz auf diese Aktion noch heiße ich Gewalt gegen Frauen, Männer, Tiere oder sonst wen gut. Die Welt beinhaltet genug Negativität! Habt euch lieb, vertragt euch, benutzt euer Hirn und misstraut euren Emotionen. Die versuchen nur zu oft, euch Dinge tun zu lassen, die man dann nach etwas Denkarbeit doch sein lässt. Und das gilt in diesem Beispiel für beide Beteiligten.

Sie hat mir mal einen sehr merkwürdigen Schwank aus ihrer Jugend erzählt, in welchem sie und ihr letzter Exfreund sich in einem Streit gegenseitig durch die halbe Stadt zur Polizeiwache geprügelt haben, um den jeweils anderen wegen Körperverletzung anzuzeigen. Ich denke, mehr muss und möchte man über einen Menschen nicht wissen.

Und doch denke ich bis heute noch sehr oft über Jessys Wesen nach. Darüber, was in Gottes Namen eine Person dazu bringen kann, sich so zu verhalten. Und ich habe eine Theorie: Ich befand mich in einem Lebensabschnitt, in dem ich äußerst schwach und wehrlos war. Jessy jedoch wollte Action in ihrem Leben, die ich ihr derzeit nicht bieten konnte. Also besorgte sie sich ihren Kick eben vom Adrenalin eines schönen Beziehungsdramas und der Positivität der anschließenden Versöhnung. Aber woher kam diese Wut? Warum diese allgegenwärtige Negativität, die mit Jessy im Raum stand? Natürlich hätte sie mir diese Fragen nie beantwortet geschweige denn beantworten können. Manche Dinge möchte man über sich selbst vermutlich gar nicht herausfinden, weil sie einem die Füße vom Boden ziehen würden. Abgesehen von all diesen Mutmaßungen, über Rechtfertigungen für ihr Wesen, war sie schlicht und ergreifend ein unfassbar schlechter Mensch, ein verdammter Dämon, der mit Zähnen und Klauen von den Seelen seiner Opfer zehrt, bis diese kraftlos in sich zusammenfallen.

Heute ist sie eine alleinerziehende Mutter. Aus mir nicht bekannten Gründen hat der Vater ihrer zwei Kinder sie verlassen. Und es wäre natürlich sehr unreif von mir, mich darüber zu freuen.

Hah.

Eine Geschichte, um das Ausmaß von Jessys Wahnsinn ansatzweise begreifen zu können, muss noch sein. Da unser letztes gemeinsames Silvester kein besonders gutes Ende genommen hatte, entschlossen wir uns, den mittlerweile wieder anstehenden Jahreswechsel in Berlin bei einer Kindheitsfreundin von Jessy zu verbringen. Ich hatte keine Freunde, die ich vertrösten musste und ohne eine Arbeitsstelle musste ich mir auch nicht freinehmen, es stand unserem Vorhaben also nichts entgegen!

Lucy, Jessys Freundin, wohnte mit ihrem Lebensgefährten in einer geräumigen 3-Zimmer Wohnung am Rande der Stadt, wo auch die Party steigen sollte. Geladen waren noch weitere ortsansässige Freunde der Beiden und so füllte sich gegen Abend so langsam das Wohnzimmer mit Menschen. Aus den Boxen dröhnte eine von den Gastgebern eigens zusammengestellte Playliste mit einer Hiphop-ähnlichen Musikrichtung namens „Crunk" und auf dem Fernseher flimmerten die dazugehörigen Musikvideos, in denen schwarze Rapper mit merkwürdigen silbernen Aufsätzen auf ihren Zähnen mit Frauen im Bikini auf Bartheken posierten und dazu aufriefen, sein Schnapsglas, sowie seinen Stinkefinger zu heben und Party zu machen, als hätte man Geburtstag. Davon einmal abgesehen wäre der Abend zweifelsohne ein absoluter Knaller gewesen, wäre ich woanders gewesen oder alle wären plötzlich gestorben. Doch das Leben ist nun mal kein Wunschkonzert, also setzte ich mich mit zwei Sixpacks Bier auf einen abgelegenen Sessel in der Ecke und verfolgte von dort den Verlauf der weiteren Stunden, die da folgen sollten.

Menschengruppen legten sich verständnisvoll die Arme über die Schultern und tanzten dabei zu den Hits ihres Lebens, Frauen Anfang der 30er drückten für Selfies ihre Köpfe aneinander und bleckten sich dabei ganz frech ihre Zungen entgegen, sodass diese sich beinahe berührten, Männer gossen sich in einer Art Härtecontest im Sekundentakt gefüllte Schnapsgläser in den Kopf und gaben sich danach johlend High Fives um diese unnachahmliche Leistung ihres Gegenübers anzuerkennen. Die Stimmung war am Überkochen und Jessy und Lucy begossen freudestrahlend ihr Wiedersehen nach so langer Zeit. Um etwa 3 Uhr morgens fand die Feierlichkeit ihr Ende, die Partycrew ging nach Hause und ich bezog mit Jessy das Gästezimmer, um den Schlaf der Gerechten zu schlafen.

Am nächsten Morgen war ein gemeinsamer Brunch geplant, doch es sollte, wie so oft, alles ganz anders kommen. Und jetzt wird es endlich interessant:

Lucy war gerade dabei, ihre Möbel wieder dorthin zu rücken wo sie ursprünglich standen und Jessy bot selbstlos ihre Hilfe an.
„Na komm, Lucy, ich pack mit an!", lächelte sie.
„Nein danke, das geht schon."
„Na, ist doch kein Problem, ich heb auf der einen, du

auf der anderen Seite."

„Ich bekomm das schon alleine hin, aber danke!"

„Wo ist denn das Problem? Jetzt lass dir doch helfen!" - der Ton wurde schärfer.

„Ach, ich brauch keine Hilfe, lass mich nur machen!"

„Du kannst dir doch einfach helfen lassen!"

„Wenn ich doch keine Hilfe brauche!"

„WAS IST DENN DEIN PROBLEM?!"

„ICH HABE KEIN PROBLEM!! WAS IST DENN *DEIN* PROBLEM?!"

„WIE REDEST DU DENN EIGENTLICH MIT MIR???!!!"

„LASS MICH DOCH EINFACH MEIN WOHNZIMMER AUFRÄUMEN!!!!!"

„ICH WILL DIR DOCH NUR HELFEN!!!!"

„SCHREI MICH NICHT AN!!!"

„BIST DU JETZT VÖLLIG BESCHEUERT???!!!"

„DU HÄLTST JETZT LIEBER DEINE FRESSE!!"

„ODER WAS?! WAS IST SONST?!!"

Dieses Spektakel schaukelte sich noch ein paar Minuten weiter hoch, bis die Beiden anfingen, weinend nacheinander zu schlagen. Man setzte Jessy und mich schließlich samt unserer Koffer vor die Tür. Wir traten einen sehr langen und schweigsamen Heimweg von Berlin an. Jessy und Lucy haben nie wieder ein Wort miteinander gewechselt. Happy New Year.

Zum wiederholten Male hatte ich den freudigen Gedanken, dass ich ohne diese sogenannten Freundschaften, auf die alle so schwören, gar nicht so arm dran war.

In der Pizzabäckerei

Eines Sonntagabends schlenderte ich an diesem Pizzaladen vorbei. Ich war inzwischen bereits seit einigen Monaten arbeitslos und trauerte noch immer meinem alten Job hinterher, für welchen ich drei Jahre meines Lebens in einer der schwierigsten Ausbildungen Deutschlands geopfert hatte. Das hatte mein Ego ziemlich nach unten gezerrt und das Gerichtsverfahren, welches ich durch meine Kündigungsschutzklage erwirkt hatte, raubte mir zusammen mit dem Nichtstun meine letzte Kraft. Ich wollte mich wieder nützlich fühlen, also spazierte ich Ende 2010 in diese Franchise-Gastronomie, in der gerade die Hölle tobte. Menschen rannten in roter Arbeitskleidung durch die Küche, Telefone klingelten unentwegt, die Fahrer packten Massen an dampfenden Pizzakartons in ihre Liefertaschen und ein großer dünner Schichtleiter mit sehr schlechten Zähnen delegierte überfordert um sich. Als er mich bemerkte, rannte er auf mich zu, begrüßte mich mit einem aufgesetzten Lächeln ganz herzlich und bat mich zu bestellen.

„Könnt ihr hier noch jemanden brauchen?"
„Sehen wir so aus?"
„Irgendwie schon."
„Führerschein?"
„Ja."
„Kannst du sofort anfangen?"
„Klar!"

Ich frage mich ernsthaft, in welchem Zustand sich unser Land befinden würde, wenn Vorstellungsgespräche immer so abliefen. Besser oder schlechter?

Ich wurde eingekleidet, bekam einen Autoschlüssel in die Hand und fuhr schließlich vier Stunden lang Pizzen von A nach B. Mit dem Trinkgeld nahm ich mir gegen Mitternacht ein Taxi nach Hause. Fühlte sich komisch an, mit Trinkgeld Trinkgeld zu geben, aber man muss schließlich alles mal gemacht haben! Am Tag darauf lernte ich den Store-Manager kennen. Ein dünner, polnischstämmiger Typ in seinen späten Dreißigern namens Andi, der offensichtlich mit seinem Job verheiratet war. Sah ein bisschen wie der Rapper Sido aus. Beeindruckt von meinem Bildungsstand, welcher mich in der Gastronomie anscheinend überqualifizierte, bot er mir einen Vollzeitjob als Fahrer mit Aussicht auf Karriere an, was immer das in einer Pizzeria bedeuten konnte. Er nahm mich unter seine Fittiche und brachte mir in den darauf folgenden Jahren alles bei, was ich in der Welt des Gaststättengewerbes wissen musste. Andi war wirklich eine ganz spezielle Gattung Mensch. Ich bewunderte ihn für seine Überzeugung und seine Aufopferung für diesen kleinen Laden, gleichzeitig bemitleidete ich ihn zutiefst dafür, dass er allem Anschein nach keinen anderen Sinn in seinem Leben gefunden hatte. Er hatte keine Hobbys, er machte keinen Urlaub, er widmete wirklich seine gesamte Energie der Firma.

Die Gesellschaftsschicht, mit welcher ich nun zusammenarbeitete, unterschied sich von der meiner alten Bürokollegen wie die Nacht vom Tag und für eine längere Zeit hätte ich darüber nicht glücklicher sein können. Es wurde gebrüllt, es wurde geflucht, man sagte immer ungefiltert und ehrlich, was man dachte. Damit konnte ich leben - zumindest für den Übergang.

Die Arbeit dort war sehr hart. Pausen existierten nicht und stand man nur für einen Augenblick tatenlos herum, gab es Ärger. Nicht selten kam es vor, dass aus einer 7-Stunden Schicht eine 14-Stunden Schicht wurde - ebenfalls ohne Pause, versteht sich. Dagegen gibt es in Deutschland zwar theoretisch Gesetze, aber dafür interessierte sich hier keiner, außerdem hatte ich das Thema Gesetze mit meinem alten Job hinter mir gelassen. Wir hatten größtenteils einen solchen Stress, dass die Stunden wie Minuten vergingen. Ich stellte mich anfangs mit jedem gut, schüttelte alte Gewohnheiten aus dem Büro ab, arbeitete schnell und gründlich, nahm sogar mal einen Besen in die Hand und wurde bald einer von Andis Lieblingen. Obwohl diese niedere Beschäftigung unzweifelhaft den größten Rückschritt meines Lebens darstellte und ich mich vor Anderen zutiefst für sie schämte: sie sollte mir eine Reihe wertvollster Erfahrungen und Erlebnisse bescheren.

Ein Beispiel gefällig?

Kommen wir noch einmal zurück auf das Thema Gewalt. Dass ich aus guten Gründen nie ein Freund davon war, habe ich an anderer Stelle bereits verdeutlicht. Gewalt gehört in Videospiele, aber nicht in die reale Welt. Wir alle tragen dann und wann Aggressionen in uns, viele haben sogar tagtäglich damit zu kämpfen. Das sind normale Emotionen, welche durch normale Dinge ausgelöst werden. Alles verständlich. Ich konnte jedoch nie nachvollziehen, warum genau man sich dafür entscheidet, seiner Wut und seinem Hass mit willkürlicher, körperlicher Gewalt Luft zu machen. Wie unzufrieden kann man denn sein? Was ich daran noch viel weniger verstanden habe: Inwiefern fühlt man sich danach besser?

Nun, auch dieses Geheimnis sollte für mich gelüftet werden.

Das Ganze ereignete sich Anfang des Jahres 2011 in einer kalten Winternacht. Ich hatte so etwas wie ein Date mit der neuen Schichtleiterin Anja. Es klingt ziemlich kitschig und doch kann ich es nicht treffender beschreiben: Als hätten wir extra starke Magneten in unseren Körpern, waren wir bereits seit unserem ersten Aufeinandertreffen vollkommen verrückt aufeinander. Man stellte uns im Betrieb ganz förmlich einander vor, während wir wie die Idioten voreinander standen und uns am liebsten stumm um den Hals gefallen wären. Ich hatte mich noch nie so sehr zu einem Menschen hingezogen gefühlt und dass ich so intensiv empfand, machte mir beinahe etwas Angst. Das mit dem Empfinden war es doch, was ich nun bereits seit Jahren versuchte zu vermeiden!

Zu Beginn stand meine noch immer bei mir wohnende Freundin Jessy zwischen Anja, mir und unserem gemeinsamen Glück. Da Jessy, wie es der Zufall so wollte, nach wie vor der Teufel in Person war, fiel es mir nicht allzu schwer, mich zwischen der Hölle und einer neuen Romanze zu entscheiden. So fand meine Beziehung mit ihr bald ein sehr hässliches Ende und ich fand mich in dieser kalten Winternacht mit einer strahlenden Anja im Arm in einer düsteren Metal-Kneipe namens „The Black Hole" in Nürnberg wieder. Wir hatten uns gerade zu Metallica's „Nothing else matters" zum ersten Mal geküsst. Ich kann diesen Song eigentlich nicht ausstehen. Schnulzige, ruhige, langatmige Ballade, die vermutlich nur so gut ankommt, weil die tragende Zeile „AAAAND NOTHING ELSE MÄDDÖÖÖÖÖRS" so gerne von Betrunkenen und Vollidioten mitgegrölt wird und denen im Rudel dann ein Gefühl der Zusammengehörigkeit vermittelt. Aber in diesem Moment war zum Glück nichts anderes von Bedeutung. („Nichts anderes von Bedeutung", „Nothing else matters". Verstanden? Nicht lustig? Okay. Verzeihung. Weiter im Text.)

Als wir uns strahlend vor Glück endlich wieder voneinander lösen konnten, beschloss ich mir noch ein Bier zu holen, während Anja vor der Tür frische Luft schnappen wollte. Mit einem frisch gefüllten Bierkrug

in der Hand fand ich sie draußen neben der Eingangs-
türe, quietschvergnügt auf Französisch mit einem
Passanten in ein Gespräch vertieft, und gesellte ich
mich zu ihr. Ich zündete mir eine Zigarette an und
beobachtete Anja, wie sie für mich unverständliche
Wörter in einer zutiefst erotischen Sprache von sich
gab und dazwischen immer mal wieder an ihrem
Bierkrug nippte. Ich konnte diese Frau echt gut leiden. Meine Träumerei fand jedoch ein jähes Ende, als
ein weiterer Gast aus dem „Black Hole" durch die Tür
ins Freie stolperte und nach einer kurzen Pause lauthals von uns wissen wollte, was Französisch denn für
eine scheiß schwule Sprache sei. Überhaupt habe
man Frankreich im zweiten Weltkrieg den Arsch ver-
sohlt, da müsse man sich doch schämen, diese Sprache überhaupt zu lernen. Und waren seine Worte
auch nicht gerade freundlich oder gar weise gewählt,
so hätte mir an diesem Abend absolut gar nichts die
Laune verderben können.

Allerdings erweckten die nun folgenden Geschehnisse bei mir den Eindruck, dass Anja nicht ganz so von
innerem Frieden erfüllt war wie ich. Sie fuhr aufgrund
dieser haltlosen und offensichtlichen Provokation
ziemlich aus der Haut und hatte wie aus der Pistole
geschossen ein paar passende Schimpfwörter und
Beleidigungen für den Frankreich-Kritiker in petto. Als
dieser gerade Luft holen wollte - vermutlich um angemessen zurück zu pöbeln - hallte ein lautes
„KLONG!" die Straße herunter. Die Ursache des Ge-
räusches war der Bierkrug, welchen Anja zur Unter-
mauerung ihrer Argumente mit voller Wucht gegen

den Unterkiefer unseres neuen Freundes schlug. Zugegeben, das war jetzt nicht so wirklich meine bevorzugte Art der Kommunikation. Aber sie hätte an diesem Abend vermutlich in dieser verdammten Bar schreiend mit einer Schrotflinte Amok laufen können und ich hätte ihr nur verliebt dabei zugesehen. Die bis dahin noch im Raum stehende, diplomatische Lösung dieser Meinungsverschiedenheit hatte sich in diesem Augenblick leider verabschiedet, genauso wie mein innerer Frieden übrigens, denn unter Hochspannung beobachtete ich nun, wie sich das Gesicht von Anjas Gesprächspartner hasserfüllt langsam zurück in ihre Richtung drehte. In dem Augenblick, in welchem er mit der rechten Faust ausholte, schnellte ich heldenhaft zwischen die Beiden und befand mich urplötzlich in einem Zustand purer blinder Wut. Blinde Wut trifft es tatsächlich ziemlich gut: ich konnte mich nämlich danach weder daran erinnern, wie genau ich den üblen Zeitgenossen überwältigt hatte noch dass ich ihm dabei anscheinend wieder und wieder „ICH BRING DICH UM, DU WÄRST NICHT DER ERSTE!!" ins Gesicht gebrüllt haben muss. Wie ein Traum lief alles verschwommen und ferngesteuert vor meinen Augen ab, bis ich langsam aus meiner Rage erwachte. Ein ziemlich erschrockenes, wie erschöpftes Wesen lag unter mir und winselte „Okay, okay! Ich gebe auf!". Weil ich gerade sowieso schon dabei war, mich wie ein Tier zu benehmen, drückte ich, das Alphatier, meine noch glühende Zigarette dem sich mir unterwerfenden Beta-Männchen auf dem Gesicht aus.

In diesem Moment kam ich endgültig wieder zu mir und warum soll ich lügen, ich fühlte mich großartig! Großartig auf eine Weise, wie ich es nie zuvor empfunden hatte. Das muss etwas mit Urinstinkten aus dem Zeitalter unserer Vorfahren oder eher aus dem Reich der Tiere zu tun haben. Ich hatte erfolgreich die Ehre des Weibchens verteidigt, meinen Herausforderer besiegt und das Weibchen hat das volle Ausmaß meiner Männlichkeit hautnah mitbekommen! Und als wäre das nicht genug, sollte mein Sieg in diesem Zweikampf vom Weibchen fürstlich belohnt werden. Wir nahmen uns an der Hand, ließen den unterwürfigen Wicht hinter uns zurück und machten uns auf den Weg zu ihrer Wohnung, wo wir uns einander hingaben und ich mich endgültig fühlte wie der König der Welt.

Betrachte ich mein Handeln im Nachhinein, bin ich natürlich alles andere als stolz darauf. Für einen Augenblick bin ich auf ein Niveau gesunken, dessen Existenz ich noch nicht einmal kannte. Und doch bin ich froh, dass es dazu kam und ich diese Erfahrung zumindest einmal machen durfte. War es mir doch eine wertvolle Lektion, die mir zeigte, dass wir Menschen, auch nach vielen hunderttausenden von Jahren der Evolution, nach wie vor nur eine kommunizierende, Kleidung tragende, aufrecht gehende Tierart sind. Wie sehr wir uns jedoch in diese niedere Rolle fügen, bleibt jedem von uns selbst überlassen. Außer mir. Denn ich bin jetzt ein Alphatier.

Nach meinem Auszug aus der WG und dem damit verbundenen Ausstieg aus der Drogenszene sowie dem Abbruch so gut wie aller Bekanntschaften und Freundschaften, hatte ich eine ganze Weile, von meinem Bruder abgesehen, lediglich Kontakt zu einem Bekannten namens Maxi. Maxi hatte ebenfalls, zumindest zu dieser Zeit, den Drogen abgeschworen, was uns quasi zu Leidensgenossen machte. Mit im Schlepptau hatte er stets seine Freundin Jana. Jana war eine gutmütige, liebenswürdige und auffallend schlanke Dame, mit der man immer völlig ungezwungen reden und scherzen konnte. Maxi hingegen war ein etwas verschlossener Kerl, mit dem ich mir gerne mal einen Film ansah, an der Playstation spielte oder einen über den Durst trank. Tiefergehende Gespräche über intime Themen führten wir jedoch nie - so weit ging unsere Zweckgemeinschaft dann doch nicht. Zwischen Jana und mir war schon seit wir uns kannten klar, dass wir ein klein wenig aufeinander stehen WÜRDEN, hätten wir uns losgelöst von Maxi kennengelernt. Das Ganze wurde aus ethischen Gründen zwar nie in einem vollständigen Satz ausgesprochen, jedoch dann und wann mit Blicken und knappen Bemerkungen unmissverständlich zum Ausdruck gebracht.

Maxi und Jana halfen mir in dieser schwierigen Umgewöhnungsphase wieder auf die Beine. Sie halfen mir beim Umzug, beim Kauf und Aufbau der Möbel, kamen mich abends spontan besuchen oder gingen mit mir ins Kino. Sie sorgten quasi eine Weile fast im Alleingang dafür, dass ich nicht komplett durchdrehte.

Des Öfteren kam es auch mal vor, dass Jana und ich alleine waren, beispielsweise wenn ich bei den Beiden übernachtet hatte und Maxi bereits früh zur Arbeit musste. Auch hier kam es nie auch nur ansatzweise zu Ausrutschern oder Annäherungen. Die Tatsache, dass da irgendwas war, wurde gekonnt ausgeblendet. Und so hätte es meiner Meinung nach ewig weiterhin laufen können.

Tat es aber nicht.

So sollte es sich zutragen, dass ich eines Nachts auf der Couch vor dem Fernseher lag, mir bei einem alten Splatterfilm ein Sixpack Bier genehmigte und nichts Böses ahnte, als mich eine SMS von Jana erreichte, ob ich denn noch wach sei. Da ich in der Tat noch wach war, schrieben wir eine Weile hin und her. Anfangs recht belanglos und unschuldig, nahm unser Gespräch allmählich eine interessante und ungewohnte Wende.

In den darauf folgenden Jahren schob ich meine nun folgenden Handlungen konsequent auf den Alkohol, mittlerweile möchte ich gerne beichten, dass ich erst bei der Hälfte des Sixpacks angekommen, also definitiv noch zurechnungsfähig war.

Sie schrieb von Beginn unseres Gesprächs an unge-wohnt offen. So kannte ich sie gar nicht, genoss das Gespräch aber mehr und mehr. Wer hört nicht gerne, dass er einen tollen Körper hat? Das Kompliment gab ich ihr gerne zurück, nicht jedoch ohne anzumerken, dass ich ihren Körper ja genaugenommen nicht so richtig beurteilen konnte. Sie äußerte noch kurze Bedenken, was Maxi denn von diesem Gespräch hal-ten würde. Doch als hätte sie nur darauf gewartet, schickte sie mir nach kurzen beschwichtigenden Wor-ten meinerseits umgehend ein Bild ihres Oberkör-pers, nur von einem BH bedeckt. Auch hier muss ich eine kleine Beichte einschieben: Ich kannte das Bild bereits. Einige Wochen zuvor hatte ich mich in einem unbeobachteten Moment durch die Bilder ihres Han-dys geklickt. Ich Schlingel.

Nichts desto trotz gefiel mir, was ich sah. Und um mich erkenntlich zu zeigen zog ich mein Shirt etwas nach oben, spannte meine Bauchmuskeln an und fotografierte etwas unbeholfen an mir herunter. Jana ging nun in die Vollen und wollte von mir wissen, ob wir uns nicht einmal nur zu zweit „für etwas mehr" treffen wollen, „so wie letztes Mal".

Moment..
„Letztes Mal?" erwiderte ich.

Mit einem Mal hatte ich ein etwas flaues Gefühl im Magen. Und auf der anderen Seite der Leitung hatte Maxi, der neben seiner schlafenden Freundin mit ihrem Handy in der Hand im Bett saß, sein Spiel nun weit genug getrieben. Als würde mein Gesprächspartner unter einer üblen Form des Tourette-Syndroms leiden, erreichten mich plötzlich im Sekundentakt die bitterbösesten Schimpfwörter und Drohungen, die man sich nur vorstellen kann.

„ICH HAB'S SCHON IMMER GEWUSST!" unterbrach er meinen gestammelten Entschuldigungsversuch, natürlich gespickt mit Beleidigungen.

Ich war mit der Situation ziemlich überfordert. Ich hatte aus einer idiotischen Laune heraus mutwillig eine, nein ZWEI Freundschaften zerstört. Was allerdings überwog (Ehrlichkeit muss sein): Ich war wütend und enttäuscht, nicht wirklich mit Jana geschrieben zu haben. Nicht sie hatte mir Komplimente gegeben. Nicht sie hatte mir ein Bild ihres freien Oberkörpers geschickt! Nicht sie hatte sich mit mir treffen wollen! Ich fühlte mich betrogen und von einem guten Freund verraten! Die Nacht hätte für sie und mich noch so angenehm werden können!

Ich habe nie wieder von ihm gehört.

Was ich weiß ist: Er und Jana sind bis heute ein Paar, die beiden leben mittlerweile am anderen Ende Deutschlands und scheinen noch immer gut miteinander auszukommen. Und das freut mich, ganz ehrlich! Niemals hatte ich nur ansatzweise im Sinn, mich ernsthaft an Jana heranzumachen. Trotzdem existiert nun mal in jedem von uns das menschliche Grundbedürfnis, begehrt - oder ganz plump gesagt: gut gefunden zu werden. Und dieses Bedürfnis stillen wir natürlich, wo wir können. Die Ex, die einen zurück möchte, der Kollege, der einem ein Kompliment macht, die eigentlich unbedeutenden Likes auf Social Media. Wer sagt dazu schon nein? Man sollte diesem Verlangen nach Zuspruch jedoch gewisse Grenzen setzen. Hier hätte ich einiges von meinem Bruder lernen können, der für sich selbst strikte Vorgaben und Werte festgelegt hat, welche er niemals, unter keinen Umständen, überschreitet. Sich selbst enttäuscht man ja doch eher ungern.

Mag es die Untertreibung des Jahrtausends sein zu behaupten, dieser Treuetest war etwas extrem: Ich hab ihn nicht bestanden und an dieser Erfahrung nage ich bis heute.

Ein Kompliment muss ich Maxi allerdings machen: Der Kerl weiß wirklich, wie man mit Männern flirtet. Hut ab!

Verhütung - braucht man das?

Ich hasse Kondome. Ich hasse, hasse, hasse diese Dinger. Sie zerstören die Leidenschaft, die Romantik und die angenehme Gedankenlosigkeit beim Geschlechtsverkehr. Alleine das Gespräch beim Vorspiel darauf zu lenken, ob man denn einen Gummi parat habe, ist für mich bis heute ein absoluter Stimmungstöter und verursacht bei mir vollständige Erschlaffung aller für den Sexualakt nötigen Körperteile. Obwohl ich in den nun folgenden Jahren sexuell überdurchschnittlich aktiv war und meine Partnerinnen beinahe im Wochentakt wechselte, vermied ich diese Art der Verhütung also weiterhin so gut es ging. Interessanterweise nahm die Damenwelt das Thema auch nicht so ernst: Es kam lediglich vier, vielleicht fünf Mal dazu, dass ich eines dieser ekligen Dinger überziehen musste. Was konnte schon passieren, wenn man darauf verzichtete?

Es folgen: Die lustigen erotischen Abenteuer von Berny, der sich 80% seiner Aufklärung aus Pornographie zusammengesponnen und sich erst Gedanken über ungeplante Schwangerschaft oder Geschlechtskrankheiten gemacht hat, als es bereits zu spät war.

Meine erste Geschlechtskrankheit hatte ich mit zarten 20 Jahren, als ich ein paar Monate lang meinen schmerzenden Harndrang nicht unter Kontrolle hatte. Das äußerte sich teilweise so schlimm, dass ich mitten in Gesprächen mit Freunden oder Kollegen aufsprang und um die nächste Ecke rannte - um zu verhindern, dass meine Unterwäsche nichtmehr saugfähig genug war und es mir aus den Hosenbeinen lief. „Das hört schon wieder auf, man muss doch nicht wegen jedem Mist zum Arzt", dachte ich mir. Ich änderte meine Meinung, als ich bei meinem alten Arbeitsplatz im tiefen dunklen Aktenkeller wieder einen Anfall unkontrollierten Harndranges hatte und sich weit und breit keine Toilette befand. Es dauerte nicht länger als zwei Sekunden, da lief es schon. Notgedrungen holte ich meinen bereits wild sprudelnden kleinen Freund aus der Hose und zielte damit, um eine verräterische Pfütze zu vermeiden, schmerzerfüllt und verzweifelt auf ein paar auf dem Boden gestapelte Akten, die den Aufenthaltsstatus einiger Familien aus dem Ausland enthielten. Hätte es zu dieser Zeit die Alternative für Deutschland bereits gegeben, man hätte mich und meine Chlamydien ohne zu zögern mit Freudentränen in den Augen zu Propheten der „Guten Sache" und Ehrenmitgliedern ernannt.

Einige Jahre darauf klagten plötzlich erschreckend viele meiner Partnerinnen über Blasenentzündungen und Schmerzen beim Urinieren. Ich hielt es für eine tolle Gelegenheit, spaßeshalber mal bei einem Urologen vorbeizuschauen. Als dieser mir dringendst empfiehlt, einen Abstrich machen zu lassen, pinkelte ich in meiner Vorstellung auf einen Wattestreifen, der mir anschließend zeigte, welche Krankheit ich hatte. Doch wie sollte es anders sein: so einfach kam ich auch aus dieser Geschichte nicht heraus und so fand ich mich schließlich mit heruntergelassenen Hosen auf einem Untersuchungstisch, auf welchen mir zwei gutaussehende Arzthelferinnen unerwartet kräftig die Arme fixierten. Der Doktor führte mir schließlich nacheinander drei unterschiedlich dicke Stäbchen von etwa acht Zentimetern Länge in meinen Penis ein und ich durchlebte die grausamsten Schmerzen meines ganzen Lebens. Die Arzthelferinnen legten sich nun mit ganzem Körpergewicht auf meine Arme, um mich ruhig zu halten, während ich versuchte, mich zu wehren und dabei laut aufschrie. Fun Fact: Während der Geburt eines Kindes haben Frauen derartig starke Schmerzen, dass es ihnen beinahe möglich ist, nachzuempfinden, was ich an diesem Tag erlitten habe. Eine ganze Woche brannte mir beim Pinkeln nun die Harnröhre, und zwar so sehr, dass ich es irgendwann vermied, Flüssigkeit zu mir zu nehmen, um seltener urinieren zu müssen, was natürlich völlig idiotisch war und die Schmerzen nur unnötig in die Länge zog. Beinahe jeder, dem ich die Geschichte heute erzähle, unterbricht mich irgendwann mit den Worten „Ja, ich weiß, du hast mich gleich danach völlig aufgelöst angerufen und geschrien, man hätte dich mehrmals vergewaltigt!".

Sogar die Krätze hatte ich einmal. Mir war bis dahin nicht einmal bewusst, dass man tatsächlich wortwörtlich die Krätze kriegen kann, allerdings war es eine sehr spannende Sache, den kleinen Krabbeltierchen dabei zuzusehen, wie sie unter meiner Haut an Armen, Beinen, Bauch, Penis und Hoden ihre Bahnen zogen und dabei hübsche rote Spuren auf der Hautoberfläche hinterließen. Der über Monate andauernde Juckreiz trieb mich beinahe in den Wahnsinn. Wäre natürlich auch vermeidbar gewesen, war aber nichts was eine lächerlich teure Salbe nach einiger Zeit des sinnlosen Leidens nicht wieder hinbekam.

Es grenzt wirklich an ein Wunder, dass ich mir nie etwas Schlimmeres eingefangen habe. Dieses HIV, von dem alle sprechen, soll ja sehr hartnäckig sein. Allen, die bisher an der Erfahrung einer solchen Krankheit vorbeigekommen sind möchte ich noch einmal ans Herz legen: Belasst es dabei! Das ändert zwar nichts daran, dass die Frage nach einem Kondom in egal welcher Formulierung einfach scheiße klingt, aber verglichen mit „Hab ich das Aids eigentlich von dir?" kommt sie zumindest nicht mehr allzu schlecht weg. Schützt euch und andere, vor allem im Eifer des Gefechtes. Ihr erspart euch viel Ärger, Unsicherheit, Schmerz, Juckreiz und man möchte es kaum glauben: Manchmal sogar Nachwuchs!

Und dann war da Anja, die Schichtleiterin, die eine Besondere unter meinen Ex-Freundinnen. So schön und intensiv unser Kennenlernen auch war, Anja verbarg ein schreckliches Geheimnis vor mir, welches unsere gemeinsamen Monate in ein völlig anderes Licht rücken sollte. Denn ihr Ex-Freund, ein 40-jähriger Mann, von dem sie mir dann und wann bereits erzählt hatte, war alles andere als ihr Ex-Freund. Die Beiden hatten sich lediglich nach einer Beziehungskrise eine kleine Auszeit voneinander nehmen wollen, weswegen sich Anja übergangsweise in der Wohnung eines länger verreisten Bekannten eingenistet hatte. Der Abstand muss den Liebenden gutgetan haben, da sie sich schon bald wieder regelmäßig trafen und kurz darauf auch wieder miteinander schliefen. Von alledem ahnte ich jedoch zum derzeitigen Moment noch nichts. Nach einem größeren Streit, dessen Anlass unser gemeinsamer Arbeitsplatz war, gingen wir eine Zeitlang getrennte Wege. In diesem kurzen Zeitraum besuchte sie eines Abends einer meiner Arbeitskollegen mit einer Flasche Wein und die beiden schliefen miteinander. Als ich davon erfuhr, wuchs in diesem Augenblick erneut dieser nur zu bekannte unbeschreiblich intensive Schmerz. Hatte sich zu Beginn unser Verhältnis noch so einzigartig angefühlt, so besonders, hatte sich mit einem Mal alles relativiert. Schon wieder war ich urplötzlich unfähig auch nur einen klaren Gedanken zu fassen. Und weil ich es so unfassbar satt hatte, verletzt und verwirrt zu sein, blendete ich den Schmerz irgendwie aus. Zu meiner Überraschung: Erfolgreich. Verdammt, ich war mittlerweile wirklich beängstigend gut darin! Was hatte ich denn auch davon, kostbare Lebenszeit damit zu verschwenden, negative Emotionen zu empfinden? Ein völlig überflüssiger Ablauf im Gehirn, der nur stattfindet, weil ein Rückschlag oder unschönes Ereignis ihm sagt, dass er das tun soll.

Anja und ich verbrachten bald darauf doch noch eine letzte versöhnliche wie unvergessliche Nacht in der abgeschlossenen Pizzeria. Nachdem wir uns leidenschaftlich und natürlich mal wieder ohne Verhütung mehrere Male in der Umkleidekabine, der Küche, dem Büro und auf dem Tresen des Eingangsbereiches geliebt hatten, stärkten wir uns mit kostenlosen Desserts, Bier und Pizzabelag im Hinterhof. Als langsam die Sonne aufging und wir nebeneinander auf Bierbänken liegend in den verblassenden Sternenhimmel starrten, hatte ich irgendwie bereits so eine Ahnung, dass da noch etwas Unausgesprochenes zwischen uns war. Sie eröffnete mir schließlich, dass sie sich seit einiger Zeit wieder mit ihrem „Ex"-Freund traf und ich war der Negativität nach all dem Mist, den ich durchgemacht hatte, nach wie vor so überdrüssig, dass ich auch das einfach hinnahm. War ja nicht zu ändern. Es schien tatsächlich so, als ob mein Unterbewusstsein mittlerweile diesen Prozess der Abstumpfung abgeschlossen hatte. Nie wieder sollte mich seitdem irgendetwas ernsthaft emotional verletzen. Es dauerte ein paar Wochen, bis ich herausfand, dass die Beiden nie wirklich voneinander getrennt waren und noch einen Monat mehr, bis sie mir eröffnete, dass sie schwanger sei. Sie und ihr Partner Markus wohnten mittlerweile wieder zusammen und die Beiden freuten sich riesig auf ihren Nachwuchs. Von der 50/50 Chance, dass er nicht der Vater war, ahnte Markus nicht das Geringste. Und da mir die werdende Mutter noch immer Einiges bedeutete, entschloss ich vorerst, das Familienglück bestehen zu lassen.

Anja gebar einige Monate später ein wunderschönes gesundes Mädchen. Als ich Sabine schließlich in meinen Armen hielt und sie mich mit ihren großen unschuldigen Augen anstarrte, während sie an einem Pfirsich nuckelte, drang tatsächlich etwas Wärme in mein Herz. Dieses kleine Geschöpf würde es gut haben, besser haben, redete ich mir ein. Was hätte sie davon, wenn ihre Familie zerbrechen würde, weil ein tätowierter Punkrocker zwischen Essensresten und Verpackungsmaterial Abschiedssex mit ihrer Mutter gehabt hatte? Was hätte ich ihr, im Gegensatz zu einem mitten im Leben stehenden erwachsenen Kerl, der dabei war, ein Haus zu kaufen, bieten können?

Ein ganzes Jahr hielt ich meinen Mund. Ein ganzes Jahr blieb ich im Ungewissen, ob ich ein Leben erschaffen hatte. Ob meine Mutter eine Oma und mein Bruder ein Onkel war. Ich begnügte mich damit, dass Anja mich zumindest regelmäßig mit Fotos und Videos der Kleinen versorgte. Doch eines Abends war Schluss. Wir hatten uns nach längerer Zeit einmal wieder getroffen und ein Konzert besucht. Die Zugfahrt heimwärts zog sich etwas über eine Stunde, wir hatten zu viel getrunken und nachdem wir einen kleinen Rückfall zueinander hatten, gestand sie mir schließlich, dass auch für sie nicht ein Tag verging, ohne dass sie sich fragte, wer denn nun der Vater der kleinen Prinzessin war. Wir entschieden uns schließlich für einen heimlichen Vaterschaftstest. Mit einem dafür vorgesehenen Wattestäbchen strichen wir einige Tage darauf etwas Speichel aus Sabines Mund und mit einem zweiten tat ich es ihr gleich. Das Ergebnis erreichte uns eine Woche darauf und war eindeutig: Ich war …Trommelwirbel… NICHT der Vater! Und tatsächlich empfand ich ganz plötzlich eine interessante Mischung aus Erleichterung und Enttäuschung. Ich hatte so lange darüber nachgedacht, dass ich mich mittlerweile irgendwie mit der Vorstellung, ein Kind zu haben, angefreundet hatte. Ich war bereit. Wer weiß, vielleicht hätte es die Liebe zwischen Anja und mir sogar noch einmal erneut entfacht?

Ob Anja meine DNA-Probe auf dem Weg zur Post nicht mit der eines Obdachlosen vertauscht hat, werde ich leider nie mit Sicherheit sagen können. Ich traue es ihr allerdings irgendwie zu. Bis heute schlafe ich sehr unruhig.

Einer meiner Arbeitskollegen war ein Typ namens Björn, der für sein Leben gern log. Ich glaube mittlerweile, dass es sich hier um etwas ernstzunehmend Krankhaftes handelte. Seinen Erzählungen nach hatte er mit seinen 33 Jahren zum Beispiel bereits drei Jahre im Gefängnis wegen Totschlags verbracht, war professioneller DJ, Eishockeyprofi, 4 Jahre heroinabhängig, Krankenwagenfahrer, gelernter Koch, Soldat in der Army (mit blutigem Einsatz im Irak), verständlicherweise auch Soldat in der deutschen Bundeswehr und Mitglied einer verbotenen Straßengang gewesen. Dass dies alles nicht einmal ansatzweise stimmte, konnte man sich durch gesunden Menschenverstand zusammenreimen und abgesehen davon seiner offen zugänglichen Personalakte entnehmen. Björn arbeitete laut dieser seit seinem Hauptschulabschluss ohne Ausbildung bei der Gastronomie - bis heute. Einmal erzählte er mir, dass man ihm einst den Führerschein abgenommen hatte, weil er mit 150 Sachen durch eine Spielstraße gefahren sei. Sein damaliges Auto muss toll gewesen sein, da es Unterbodenbeleuchtung und Nebelwerfer eingebaut hatte. Deutsche Gesetze galten hier für ihn nicht, da er (natürlich) amerikanischer Staatsbürger war. Die Menge, doch vielmehr die Wahl seiner Lügen, fand ich unendlich interessant und spannend. Was genau assoziierte Björn zum Beispiel mit der amerikanischen Staatsbürgerschaft, die er sich regelmäßig zuschrieb? Und warum tischte er mir diese Lüge auf? Es musste ja offensichtlich bei seinesgleichen als „toll" oder „aufregend" gelten, Amerikaner zu sein. Erweckte ich also für ihn tatsächlich den Eindruck, mich so primitiv um Staatsangehörigkeiten zu scheren und dementsprechend beeindruckt sein zu können? Björn warf für mich viele Fragen auf und fungierte daher für mich wie ein kleines Schulprojekt, welches ich studierte und gebannt bei jeglicher Interaktion bestaunte.

Mein Schulprojekt Björn traf eines Tages schließlich auf Jacqueline, oder wie ich sie nannte: Jacky. Sie und ich waren einige Jahre zuvor für etwa zwei Monate liiert - damals war ich 17 und sie - verurteilt mich nicht - 13. Mehr als ein bisschen Geknutsche passierte jedoch in unserer kurzen Beziehung nicht, dafür war sie mir damals in erster Linie zu jung und außerdem schlicht und ergreifend zu naiv. Unsere Beziehung ging damals in die Brüche, als ich sie eines Abends versetzte und sie mir damit drohte, mich im Gegenzug zu verlassen. Ich nahm sie nicht zurück. Eine wertvolle Lektion, die sie nie wieder vergessen sollte. Eine Beziehung zu beenden sollte eine Reißleine sein, wenn nichts anderes mehr Sinn macht. Doch irgendwie macht es den Eindruck, als würde dieser Ausweg mittlerweile immer öfter als Druckmittel missbraucht. Wenn mein Partner nicht das macht, was ich will, trenne ich mich zur Strafe. Nach einer Woche kommt man wieder zusammen - bis zum nächsten Streit. Ein Bekannter von Jacky spendete Trost und so verliebten sich die beiden. Sie wurde kurze Zeit darauf schwanger von ihm und die beiden trennten sich. Endgültig.

6 Jahre später: Der Kontakt zu Jacky kam durch ein paar Nachrichten auf Facebook wieder zustande. Das war diese schöne Zeit, als Facebook noch neu, hass- und werbefrei war und man alte Bekannte dort mit den Worten „Ach, du auch hier?" freudig wiederfand. Prompt wurde ich von ihr mit Anrufen, Textnachrichten und Spontanbesuchen in der Arbeit bombardiert. Sie schien sich wieder unaufhaltsam in mich zu verlieben. Obwohl sie wirklich ein verdammt gutaussehendes Mädchen war mit einem fantastischen Körper und einem wunderhübschen Gesicht: ich konnte mich mit ihrer Art einfach nicht arrangieren. Lautes Lachen und viel Gerede, ohne dabei etwas von Bedeutung von sich zu geben. Es fehlte mir einfach zu viel an ihr. Aber hübsch war sie nun mal, weswegen ich sie nie komplett von mir wies.

Da sie so oft bei mir in der Arbeit präsent war, lernte sie auch meinen Schichtleiter Björn kennen, der sich gleich für sie interessierte. Und da die beiden zumindest intellektuell ein tolles Paar abgegeben hätten, wunderte es mich nicht sonderlich, ein paar Wochen später über das damals noch so tolle Facebook zu erfahren, dass die beiden nun zusammen seien. Björn beschrieb mir das Ganze mit folgenden Worten: „Alles Schwachsinn! Das mach ich nur für dich! Ich sorg dafür, dass dich die Alte endlich in Ruhe lässt, die is' doch viel zu jung für mich! Wenn die über dich hinweg ist, schieß' ich sie wieder ab!". Manchmal wusste ich nicht so genau, ob er die Wahrheit sagte oder log. Glücklicherweise war es mir herzlich egal.

Ich tat einfach immer so, als würde ich ihm glauben. War irgendwie witzig, ihm dabei zuzusehen, wie er sich angestachelt von meinem als Gutgläubigkeit getarnten Desinteresse in Ekstase log.

Einige Wochen darauf fragte er mich eines Abends, ob ich Jacky mit ihm zusammen im Mutter-Kind-Heim besuchen möchte. „Vielleicht können wir ja einen flotten Dreier machen!", lachte er.
Als wir uns durch den überwachten Vorgarten des Heimes geschlichen hatten, ohne Aufsehen zu erregen oder die Lichtschranken auszulösen (was er mittlerweile echt draufhatte), öffnete uns Jacky nach einem kurzen Anruf leise die Tür und ließ uns in ihr Zimmer. Ich sah die Beiden zum ersten Mal zusammen und wunderte mich, warum sie zur Begrüßung keinerlei Zärtlichkeiten austauschten.

Im Wohnzimmer setzte ich mich auf die Couch, sie setzte sich neben mich und fing sofort wieder an, ohne Punkt und Komma zu plappern. Über ihre Mutter, über ihr Kind, ihre dicke Mitbewohnerin, die ahnungslose Heimmutter, die Schwangerschaft, ihre Ex-Freunde, über Facebook, Smartphones, Klingeltöne, Popmusik, Partys und Discos. Irgendwann konnte ich nicht mehr, stand auf und verabschiedete mich von den Beiden. Björn wollte mir folgen und stellte sich neben mich. Den Gedanken sich von mir zu lösen schien Jacky allerdings noch immer nicht zu genießen, weswegen sie mich bat zu bleiben. Ich entgegnete ihr offen und ehrlich, dass mir ihr Gequatsche unendlich auf die Nerven ging. Ohne lange zu überlegen, richtete sie sich wortlos auf, beugte sich über die Lehne der Couch, vor der ich mich gerade befand und sah mir tief in die Augen.

„Wir müssen ja nicht reden..." hauchte sie mir erotisch entgegen. Dabei öffnete sie meine Hose und fing an, zärtlich meinen Penis zu streicheln. Björn, der immer noch neben mir stand, stotterte ziemlich verdutzt „Hah… jetzt geht's ab!". Das hatte er offensichtlich nicht erwartet. Allerdings gab es für ihn keine wohltuende Massage im Lendenbereich. Die blieb mir vorbehalten. Ich wusste zwar nicht ganz, wie ich mit dieser Situation umgehen sollte, Jacky dafür umso mehr.

Die ging nun in die Vollen, öffnete den Mund und schloss diesen über mein nun mittlerweile ziemlich angeschwollenes Glied. Björn hatte sich währenddessen mit verschränkten Armen wieder auf die Couch gesetzt und während Jacky ein paar leise Geräusche der Lust von sich gab, hörte ich ihn leise vor sich hin brummeln: „Ey Leute, ich bin fei auch noch da…". Für einen kurzen Moment überlegte ich sogar, ob diese Situation in Ordnung sei - immerhin waren die beiden ja ein Paar. Aber ich erinnerte mich an seine Worte, wie egal sie ihm in Wirklichkeit war, dass er diese Beziehung nur einging, um Jacky von mir wegzubringen (na, das hatte er ja super gemacht) und er sie sofort verlassen würde, wenn sie aufhörte, an mich zu denken. Mein Penis und ich kamen innerhalb von wenigen Sekunden zu dem Schluss, dass hier nichts Verwerfliches geschah. Anscheinend wurde es Björn schließlich trotzdem ein bisschen zu bunt und er verzog sich mit den Worten „Ich rauch' jetzt eine!" auf den Balkon.

Ich war mittlerweile bereit, weiter zu gehen und begann, Jacky zu entkleiden. In Unterwäsche nahm sie mich an der Hand und wir gingen in ihr Schlafzimmer. Während wir zum ersten Mal, seit wir uns kannten, miteinander Sex hatten und uns sehr heiß, intensiv und innig auf ihrem Bett liebten, klingelte pausenlos mein Handy, jedes Mal gefolgt von einer Kurznachricht, die besagte, dass ein gewisser Björn versucht hätte mich zu erreichen. Was er wohl wollte?

Als wir fertig waren, lächelte sie mich an und ging duschen. Ich griff befriedigt nach meinem Handy und durchsuchte meine Nachrichten. In einer davon stand: „Alter ich bin weg, sowas muss ich mir echt nicht geben". Ich schätze, sie war von Björn. Dass er das Ganze so unlustig fand, dass er uns gleich verlassen musste, brachte mich zum Grübeln. Würde ihm Jacky doch etwas bedeuten, hätte er mir das doch gesagt. Oder etwa nicht? Dann hätte er mich ja belogen! Björn – ein Lügner? Ich beschloss, der Sache auf den Grund zu gehen, zog mich an und rannte Björn, ohne mich von Jacky zu verabschieden, hinterher. Ich fand ihn schließlich ziemlich angefressen am U-Bahnhof vor. Bei unserem anschließenden Gespräch kam nicht sehr viel heraus. Klartext war wohl nicht so sein Ding. Er beschwerte sich lediglich darüber, dass wir ihn einfach allein gelassen hatten und ein flotter Dreier so nicht funktioniere. Hätte ich das nur vorher gewusst!

Zuhause angekommen nahm ich einen Anruf einer schluchzenden, betrunkenen Jacky entgegen. Nach dem Sex aus der Dusche zu kommen und ein leeres Bett sowie ein offenes Fenster vorzufinden, finden Frauen offensichtlich unlustiger als ich angenommen hatte. Im Laufe unseres Telefonates stellte sich heraus, dass Björn ihr bereits vor längerer Zeit seine Liebe offenbart hatte, dass er sie des Öfteren liebevoll ausführen wollte und ihr vor 5 Minuten weinend am Telefon eröffnet hatte, dass sie ihm das Herz gebrochen hatte. Außerdem erfuhr ich von ihr, dass sie den Bund mit Björn nur deshalb eingegangen war, um immer informiert zu sein, was es bei mir so Neues gab, natürlich außerdem um mich eifersüchtig zu machen und vielleicht mit etwas Glück ein paar Gefühle in mir wachzurütteln. Menschen sind schon eine verdammt merkwürdige Spezies.

Lügen lässt uns natürlich auf sehr einfache Weise in einem besseren Licht dastehen: es macht uns zu Helden, zu harten Kerlen, es lässt uns in den richtigen Situationen den richtigen Spruch auf den Lippen haben, es lässt uns einen Streit mit der Freundin vermeiden oder aber überhaupt erst mit dieser Freundin zusammenkommen. Doch wäre es nicht schön, wenn man überhaupt nicht lügen müsste? Denn um die Wahrheit verdrehen zu wollen, muss diese ja einen erheblichen Makel haben. Warum denn nicht die Wahrheit verschönern, indem man die nicht ganz so perfekte Realität entweder so akzeptiert wie sie ist oder aber aktiv daran arbeitet, sie besser zu machen? Wer hierfür nicht genügend Stehvermögen hat, wird es im Leben verflucht schwer haben. Und aus diesem Grund empfinde ich seitdem vor allem für notorische Lügner, denen ich aus einem unerfindlichen Grund sehr oft begegne, tiefstes Mitleid.

Nun, was haben wir alle aus dieser Geschichte lernen können?

Björn hat an diesem schicksalshaften Abend gelernt, dass man sich mit der Unwahrheit manchmal richtig böse das Leben verpfuschen kann. Ich möchte wirklich nicht ansatzweise das fühlen, was Björn gefühlt haben muss, als die Frau, in die er sich gerade verliebte, sich mit einem seiner besten Freunde vor seinen Augen verband. Dabei wäre alles so leicht vermeidbar gewesen! Hätte er mir von Anfang an die Wahrheit gesagt, dann hätte ich ihn an diesem Abend vermutlich nicht einmal begleitet. Wäre er einem klärenden Gespräch nicht ausgewichen, nachdem alles bereits passiert war, hätten wir zumindest darüber reden und die Sache aus der Welt schaffen können.

Und was habe ich gelernt? Sich nach dem Sex verabschieden kommt bei Frauen erstaunlich gut an. Und: SO funktioniert ein flotter Dreier offensichtlich nicht!

Im Februar 2013 hatte sich mein Aufgabenbereich in der Pizzeria weiter vergrößert. Mittlerweile war ich unter anderem befugt, Personalangelegenheiten zu regeln. Dies im Hinterkopf, bat mich mein Pizza-Fahrer Christian um einen Gefallen. Seine langjährige Freundin Marie sei seit einiger Zeit arbeitslos und um zu verhindern, dass Marie bald eine Hartz 4 – Empfängerin wird, wäre es toll, wenn ich ihr bei uns einen Job bei uns geben würde. Da mein Vollzeitbäcker des Öfteren ausfiel und man keine langjährige Ausbildung genossen haben muss, um geraspelten Käse auf Tomatensauce zu streuen, traf sich das ganz gut und ich lud sie zum Vorstellungsgespräch ein. Marie machte auf den ersten Blick einen zugleich selbstsicheren, aber auch in sich gekehrten Eindruck. Sie schrieb sich äußerlich, wie auch mein Fahrer Christian, der Gothic-Szene zu, war aufgrund des Vorstellungsgespräches zwar dezent, jedoch auffallend schwarz gekleidet und geschminkt. Attraktiv war sie - ohne Frage. Ihr Gesicht hatte straffe, ernste Züge und ihre Haut war vermutlich lange nicht an die Sonne gekommen. Sie hatte einen schön geformten Körper und einen nett ausgeschnittenen, üppigen Vorbau. Viel gab es nicht zu bereden, man verstand sich soweit ganz gut und sie war motiviert, schnell zu lernen und zuverlässig ihr Bestes zu geben. Ich stellte sie als Bäckerin in Teilzeit ein und in den gemeinsamen Schichten, in denen ich ihr beim Arbeiten über die Schulter sah und ihre Fortschritte begutachtete, fand man stets ein Thema, um oberflächlich nett zu plaudern.

Einige Wochen später bat mich Maries Lebensgefährte / mein Pizza-Fahrer Christian erneut um einen Gefallen. Wenn ich so drüber nachdenke, schuldet mir der Kerl wirklich einige Gefallen. Zwischen den Beiden lief es seit einiger Zeit nicht mehr so gut. Sie langweile ihn im Bett, ihn ziehe es zu anderen Frauen. Betrügen mochte er sie nicht, doch einen wirklichen Grund für seine geplante Trennung gebe es nicht. Ihm war nicht entgangen, dass Marie und ich uns gut verstanden, und so hatte er einen mehr als teuflischen Plan geschmiedet: Er bat mich darum, mit seiner Freundin zu schlafen. Würde sie ihn mit mir betrügen, wäre das für ihn ein guter nennbarer Grund, sie endlich zu verlassen und sich ungestraft, ohne schlechtes Gewissen anderen Frauen hingeben zu können. Man hätte es natürlich auch mit Ehrlichkeit versuchen können, aber vielleicht macht man das in der Gothic-Szene ja so. Was wusste ich schon.

Ein sehr merkwürdiges, wie auch unmoralisches Angebot, ohne Frage, bedenkt man, dass es unter Männern nun mal die bereits erwähnte ungeschriebene Regel gibt, dass Sex mit deren Frauen/Partnerinnen, ja, im Normalfall auch den Exfrauen, ein absolutes No-Go ist. Das macht man einfach nicht. Führt selten zu etwas Gutem. Ich schlief eine Nacht über das Angebot und nahm es schließlich am nächsten Tag nicht ganz uneigennützig an. „Ich helfe einem Freund" und „Hat ja jeder was davon", redete ich mir ein.

Großer Fehler.

In unserer gemeinsamen Spätschicht fragte ich Marie also, ob sie Lust hätte, mal nach der Arbeit bei mir eine Kleinigkeit zu trinken und sich mit mir einen Film ihrer Wahl anzusehen. Sie überlegte nicht lange, sagte zu, und mir stellte sich dabei die Frage, ob ihr dabei klar sei, worauf „gemeinsam einen Film anzusehen" in diesem Kontext normalerweise hinausläuft.

Ein paar Tage darauf beendeten wir also unsere Schicht, sie hatte Christians Segen und sogar in weiser Voraussicht einen Rucksack mit Wechselklamotten mitgebracht und wir fuhren zu meiner Wohnung. Wir machten es uns auf der Couch bequem, ich öffnete ihr ein Bier und sogleich zog sie eine DVD mit der Aufschrift „Slaughter Disc" aus dem Rucksack. Dies sei der Film, welchen sie heute gerne mit mir sehen würde. Ich dachte ja bis zu diesem Tage, ich hätte schon alles gesehen, zumindest alles was sich filmisch umsetzen ließe. Doch in „Slaughter Disc" ging es um eine Frau, welche ein Erotikvideo von sich selbst beim Masturbieren dreht. Leider masturbiert die Dame etwas heftig und erschreckend lange – die Szene ging über eine halbe Stunde - die Dame verblutet und ihr böser Geist verfolgt und ermordet daraufhin jeden Mann, der sich das eingefangene Video dieser Selbstbespielung zur eigenen Erheiterung ansieht. Das war er also, der Wunschfilm meiner weiblichen Gesellschaft. Immer mal was Neues! Um mit dieser Absurdität mithalten zu können, kramte ich im Anschluss den blutigsten japanischen Splatterfilm aus, welchen meine Filmesammlung zu bieten hatte aus. Ihr gefiel, was sie sah.

Der Sex mit Marie war… anders! Sie bestand darauf, nein, sie flehte regelrecht darum, von mir benutzt und erniedrigt zu werden. Als ich beispielsweise mein Glied so tief in ihren Mund schob, dass sie würgen und husten musste, machte sie keine Anstalten, mich von dieser Idee abzubringen. Im Gegenteil! Sie reagierte sogar etwas beleidigt, als ich mich entschuldigte und versuchte, etwas vorsichtiger mit ihr umzugehen! Auch der anschließende unvorsichtige und trockene Analsex schien für sie zwar unangenehm, jedoch gerade aufgrund dessen wiederum angenehm zu sein. Man kann es nicht anders sagen: wir haben uns beide in dieser Nacht wirklich prächtig amüsiert.

Am nächsten Morgen fuhr ich sie nach Hause und als Christian an diesem Abend zu seiner Schicht antrat, fragte ich ihn lachend, wie man bei einer derart sexuell offenen Freundin jemals so etwas wie Langeweile empfinden könne. Seine Antwort fiel irgendwie unerwartet aus.

„Ist das jetzt dein Ernst?!"

„Bitte?"

„Hast du wirklich mit meiner Frau geschlafen??!!" – Christian schrie aus voller Kehle.

„Naja, ich… Äh, wenn man das so formuliert klingt das irgendwie…"

Verwundert über seine Reaktion versuchte ich laienhaft zu beschwichtigen, doch ein unausweichliches Drama war geboren.

Die Beiden trennten sich am selben Tag. Gefühle wurden verletzt, Tränen flossen, Herzen brachen - und mittendrin stand ich mit ausgebreiteten Armen und verstand mal wieder die Welt nicht mehr. Was stimmt denn nicht mit uns Menschen? Obwohl letztendlich ja eigentlich alles wie geplant abgelaufen war, ließ mich diese Geschichte mit einem sehr schlechten Gewissen zurück. Aufgrund meiner Handlungen ging eine langjährige Beziehung in die Brüche. Der Gedanke, dass die Beziehung vermutlich auch ohne mein Zutun recht bald ihr Ende gefunden hätte, macht es nicht unbedingt besser.

Sex ist und bleibt eine schöne, intime und aufregende Sache, ich denke da sind wir uns alle einig. Daran wird sich nie etwas ändern. Doch trotzdem oder gerade deswegen sollte man sich seine Wahl der Geschlechtspartner jedes Mal aufs Neue gründlich überlegen. Da gehört oft so viel mehr dazu, als einfach nur miteinander zu schlafen. Und lässt sich, der Partner / die Partnerin auf irgendeine Weise zu einem Freund, Bekannten oder, wie in diesem Beispiel, zu einem Arbeitskollegen zurückverfolgen, dann kann man davon ausgehen, dass das früher oder später mit einer hohen Wahrscheinlichkeit zu verdammt viel Stress führen wird.

Natürlich - man lernt sich nun einmal oft durch gemeinsame Bekannte kennen. Sollte aber nur die geringste Möglichkeit existieren, dass ein Näherkommen einen solchen Haufen zwischenmenschlicher

Scheiße mit sich bringen könnte… dann lasst es! Ist es nicht wert.

Denn: Freundschaften können über viele Jahrzehnte dauern. Orgasmen, auch wenn es toll wäre, leider nicht.

„Pack ihn voll mit Arbeit! Gib ihm neue Aufgaben, gib ihm Verantwortung, bis er sich vor neuen Informationen überhaupt nicht mehr retten kann. Irgendwann macht er einen Fehler. Und dann noch einen. Und dann hast du ihn!"

Ich hatte es bis ganz nach oben geschafft! Ich war jetzt Store Manager und dies war eine der Lehren, die mir Andi, der jetzt den neu eröffneten Laden am anderen Ende der Stadt leitete, bezüglich fristloser Kündigung von lästigen Mitarbeitern mit auf den Weg gab. „Wenn das nicht klappt, wirf ihm Diebstahl vor, das geht immer! Und dann behältst du seinen letzten Lohn ein, wenn er keine Anzeige möchte." Eine solche Arbeitsweise erwarteten die Geschäftsinhaber nun auch von mir.

Ich gab mir wirklich Mühe, meinen Job gut zu machen. Doch nicht auf diese Weise. Ich motivierte meine Mitarbeiter mit kostenlosen Pizzen und jeder Menge Feierabendbier und trennte mich nur in sehr seltenen Fällen von meinen Arbeitskräften. Wer nicht mitzog, bekam das deutlich zu spüren, denn für jeden von ihnen hatte ich eine personalisierte Strafe. Mein Hiphop-hörender Bäcker zum Beispiel, wurde mit einem Tag „Best of Ballermann" Musik bestraft wenn er zu spät kam. Hielt mein rechtsgesinnter Fahrer Christian seine Lieferzeiten nicht ein, musste er mit einem „Kein Bock auf Nazis" Aufnäher seine Pizzen ausliefern und der Moslem an der Theke bekam einen rohen Streifen Schweinespeck an den Kopf geklatscht. Wir nannten das den „Bacon-Slap". Steinigt mich, aber das funktionierte. Und jeder, inklusive Mehmet, konnte darüber lachen. Die Arbeit war und blieb ein Knochenjob, doch unter meiner Leitung verrichtete man ihn größtenteils gut und gerne. Die Lieferzeiten waren auf einem Rekordniveau, der Umsatz stimmte und für den durchschnittlichen Bildungsstand, welcher in meinen Räumlichkeiten zugegen war, ging man wirklich bemerkenswert rücksichtsvoll miteinander um. Der Bodybuilder half dem Autisten mit den Bierkästen, der Nazi lachte mit dem Neger und der DJ spülte Geschirr mit dem Musiker (Nein, DJs sind keine Musiker). Ein Stück vom Garten Eden. Ein nach Fett und Bier stinkender Garten Eden voller fluchender, spuckender, rauchender Halbstarker, aber so könnte die Welt funktionieren. Natürlich war ich noch weit davon entfernt, der beste Store Manager aller Zeiten zu werden: Die Sauberkeit im Geschäft ließ oftmals zu wünschen übrig, außerdem hatte ich ein sehr aktives Leben neben der Arbeit und fuhr sogar ab und zu in den Urlaub. Ganz unprofessionell und eigennützig hatte ich bisher mit fast jeder meiner weiblichen Mitarbeiterinnen geschlafen und die Stimmung aller Anwesenden war grundsätzlich einfach zu positiv. Der Laden hatte eine Seele, doch das sahen die Inhaber nicht gerne. Ich war wohl doch nicht das Wunderkind, für welches man mich zu Beginn gehalten hatte. Als man am anderen Ende der Stadt einen der Schichtleiter als neuen Liebling auserkoren hatte, wurde ich kurzerhand ersetzt und zurück auf einen Schichtleiterposten im neuen Laden verfrachtet.

„Wer richtig hoch springen möchte, muss dafür manchmal erst einmal in die Hocke gehen", lauteten Andis aufmunternde Worte, als mir eröffnet wurde, welche Richtung meine Karriere einschlagen sollte. Ich hätte diesen Satz in diesem Augenblick gerne auf eine abgewickelte Zewa-Rolle geschrieben und diese Andi in den Arsch gesteckt. Als man mich anschließend in meinen Schichtleitungen immer öfter mit Arbeit überhäufte und mir aus „Kostengründen" die Verantwortung für mehrere Tätigkeiten gleichzeitig übertrug, wurde mir so langsam klar, worauf das hinauslief. Man hatte Schema F angeleiert und meine Zeit bei diesem Laden lief unmissverständlich ab. Ich verrichtete nun Arbeiten, die eigentlich für mehrere Arbeitskräfte vorgesehen waren und so dauerte es nicht lange, bis ich meine Tätigkeiten nur noch halbherzig und hastig erledigte, um hinterher zu kommen. Darauf hatte die Geschäftsführung gewartet! Man entriss mir auch sehr bald den Schichtleiterposten und wollte mich zukünftig wieder lediglich als Bäcker und Fahrer einsetzen. All meine Zeit und Kraft hatte ich diesem Laden in den letzten Jahren geopfert und das war der Dank. Während ich meine letzten Schichtleitungen hinter mich brachte und dabei bereits Pizzen zu belegen hatte, verfolgte mich Andi mit der Geschäftsinhaberin auf Schritt und Tritt und unterbrach mich bei jedem zweiten Handgriff. Die Beiden taten dabei entsetzt darüber, welche Kleinigkeiten ihnen bei meiner Arbeitsweise negativ auffielen.

Psychoterror, wie süß. Da waren sie ein paar Kapitel zu spät dran.

Ich hätte eigentlich ahnen müssen, was als nächstes geschehen sollte. Das ungeschriebene Lehrbuch meiner Firma besagte, ihr erinnert euch: „Wenn das nicht klappt, wirf ihm Diebstahl vor!". Man entließ mich fristlos, da ein Überwachungsvideo von mir existierte, auf dem zu sehen war, wie ich Geld aus der Kasse entnahm. Geld aus der Kasse zu nehmen war ein wesentlicher Aufgabenbereich meines Jobs als Schichtleiter, weswegen ich recht unbeeindruckt auf diese Videoaufnahme reagierte, als Andi sie mir mit sehr ernstem Blick vorspielte. Als ich meinen ehemaligen Arbeitgeber ein paar Tage darauf verklagte, darin war ich ja nun mittlerweile geübt, rächte sich dieser mit einer Diebstahlsanzeige. Es fühlte sich so unwirklich an – Ich war tatsächlich innerhalb von drei Monaten vom gut verdienenden „Store Manager", dem die Frauen vertrauten, zum arbeitslosen Dieb abgedriftet. Ein sehr ereignis- und lehrreicher Lebensabschnitt hatte nun sein Ende gefunden. Ein bisschen Wehmut wäre schön gewesen. Ein wenig Angst oder Trauer. Irgendwas. Aber wie es mittlerweile leider gang und gäbe war, empfand ich absolut gar nichts.

Auf der Polizeiwache sprach ich schließlich mit einem netten Beamten, der sich sehr darüber freute, dass Ich ihm eine bereits fertig formulierte Stellungnahme zu den Anschuldigungen mitgebracht hatte und ihm somit die Arbeit abnahm. Trotz allem war diese Aktion natürlich sehr unsportlich von den Anzeigenden. Also spazierte ich, nach Rache dürstend, einige Tage darauf mit einem ehemaligen Kollegen zum Gewerbeaufsichtsamt, um dort unsere gesammelten Schichtenpläne und Gehaltsabrechnungen, gespickt mit Fotos aus dem Laden, abzugeben. Ich hatte immer gewusst, dass es sich eines Tages auszahlen würde, mehrere 14-Stunden Schichten ohne Pause zu arbeiten und den Stundenlohn der Fahrer zu dokumentieren. Der Beamte dort staunte nicht schlecht und einige Wochen darauf musste man den Verantwortlichen mächtig auf die Finger geklopft haben. Auch vor Gericht knickte der Anwalt meiner Ex-Firma unter dem Gewicht des Gesetzes sehr bald ein. Man hatte wohl beim Ausarbeiten der Tricks zur Mitarbeiterentlassung nicht mit eingerechnet, dass jemals einer von uns kleinen Würstchen dagegen vorgehen würde. Als Andi und die Geschäftsleitung vor meinen Augen dazu verdonnert wurden, die Anzeige zurückzuziehen, den Rufmord einzustellen, mir eine Abfindung zu zahlen UND mir ein Arbeitszeugnis der Note „Sehr gut" auszustellen, stellte ich erleichtert fest, dass ich doch noch weit davon entfernt war, gefühlskalt zu sein. Denn ich empfand eine Genugtuung und Befriedigung, die bis heute ihresgleichen sucht.

Don't mess with the best, bitches!

Wenn ihr wirklich mal Mist gebaut habt, dann steht dazu. Besser wird's sonst nicht. Es gibt nichts Sympathischeres als ehrliche Menschen. Aber verkauft euch nicht unter Wert und lasst euch nie, niemals einschüchtern. Egal von wem. Manch einer, der euch Schlechtes will, mag wortgewandter, besser gekleidet oder wohlhabender sein. Doch wenn euch das nicht einschüchtert, seid ihr auf Augenhöhe. Das ist bei mir zwar nicht immer so gut wie in diesem Beispiel ausgegangen, aber ich habe es nie bereut. Nur die täglichen Pizzen fehlen mir schon sehr. Ich verliere ungern ein gutes Wort über diesen Laden, aber die Qualität der Pizzen lässt sich nicht bestreiten. Manchmal denke ich kurz darüber nach, ob ich nicht einfach mal dort vorbeischaue und mir etwas bestelle. Doch von deren Abfindung sehen die nicht einen Cent wieder.

Yeah, nun war ich also zum zweiten Mal arbeitslos - erneut aufgrund einer versuchten fristlosen Kündigung. Und ebenfalls erneut machte sich nach einer kurzen Zeit die unbestreitbare Gewissheit breit, dass ich der Gesellschaft keinerlei Nutzen brachte. Nach einer kurzen Beschäftigung in einem Kinokomplex, welche man jedoch bald wieder aufgrund meiner Frisur beendete, hatte ich die Faxen dicke. Drogensüchtige, Perverse und Alkoholiker arbeiteten dort hinter Theken, pfiffen Frauen hinterher, klauten, bedrohten ihre Kollegen und spuckten auf den Boden. Die meisten davon arbeiten vermutlich heute noch dort. Von mir „musste man sich trennen", weil ich mich weigerte, den schwarzen Streifen auf meinem Kopf abzurasieren. Die Gastronomie konnte mich mal. Kreuzweise. Doch zurück in das geregelte Büroleben meines erlernten Ausbildungsberufes zu kommen, gestaltete sich schwieriger als gedacht. Um die frustrierende Bewerbungsphase zu überbrücken, half ich ehrenamtlich in einer Einrichtung für Strafentlassene. Ex-Knackis, die ohne Perspektive aus dem Gefängnis kommen, fanden hier eine Unterkunft zum Schlafen und Resozialisieren. Hier war beinahe alles vertreten, mit Ausnahme von Sexualstraftätern. Die mag keiner. Die Idee, einen Haufen (ehemals) Krimineller in wiedergewonnener Freiheit zusammenzupferchen und durch Gebete, sowie einen strengen, durchstrukturierten Tagesablauf zurück auf den rechten Pfad zu bringen, funktionierte in der Praxis zwar eher schlecht als recht, doch bescherte mir diese Arbeit viele interessante Lektionen.

Beispiele gefällig? Nein? Schade!

Schwerkriminelle sind irgendwie angenehmere Menschen als Kleinkriminelle. Das mag sich merkwürdig anhören, aber ich habe mich dort mit Taschendieben, Schlägern und notorischen Schwarzfahrern, aber auch Folterern und Mördern unterhalten. Sie alle waren über kurz oder lang im Gefängnis, doch die tiefsinnigeren und angenehmeren Gespräche dort hatte ich definitiv mit der zweiten Kategorie. Menschen mit Erfahrung, die extrem viel nachgedacht haben.

Doch die viel wichtigere Lektion: Vertraue niemandem, dessen Glaubwürdigkeit du nicht über Monate, wenn nicht Jahre, getestet hast. Und im Zweifelsfall: Vertraue einfach niemandem. Punkt. Mein Ansprechpartner in der Einrichtung, ein stark übergewichtiger Mann namens Ralf Koller, erteilte mir diese Lektion auf unvergessliche Weise. Und ich bin ihm beinahe dankbar dafür.

Ralf schien mich zu mögen. Er kannte mich bereits durch meine Musik und war regelrecht begeistert, als wir uns schließlich kennenlernten. Nachdem ich begann, in seiner Einrichtung zu arbeiten, hatten wir recht bald auch vermehrt privat miteinander Kontakt und tauschten uns angeregt über Filme, Serien, Musik und Videospiele aus. Dass mich meine Arbeitslosigkeit nicht unbedingt mit Glück erfüllte, war ihm nicht entgangen.

„Wir besorgen dir einen Job", versprach er mir immer wieder. Ich gebe nichts auf Versprechungen, wusste jedoch zu schätzen, dass er mir Mut zusprechen wollte. Doch tatsächlich, eines Tages eröffnete er mir, dass er eine offene Stelle für mich gefunden hatte. Eine gutbezahlte Bürotätigkeit im Altersheim, in welchem er ein Apartment bewohnte. Er habe sehr guten Kontakt mit der Verwaltung und man warte dort nur auf meine Bewerbungsunterlagen, weswegen die Stelle auch noch nirgends ausgeschrieben war. Was für ein guter Mensch. Ich überlegte mir ernsthaft, ob ich meine Weltsicht vielleicht noch einmal überdenken sollte.

„Ach, und ich hab eine Playstation 4 für dich!" - diese war zum damaligen Zeitpunkt erst einige Monate zuvor erschienen, „Ich kenne da die richtigen Leute, kostet dich keinen Cent! Ich kann sie dir in ein paar Tagen mitbringen!" - Doch zuvor wollte er mir noch „heruntergeladene Spiele auf die Festplatte packen". Dass das zu diesem Zeitpunkt nicht so einfach möglich war, wusste ich. Doch vielleicht kannte Ralf ja russische Hacker. Was hätte er davon, mich zu belügen? Ich fragte nicht weiter nach.

Beim Schreiben meiner Bewerbung für den Verwaltungsjob gab ich mir mehr Mühe als sonst. Ich hatte endlich wieder Hoffnung, an die ich mich klammern konnte und die Versicherung von Ralf, der Job würde quasi schon mir gehören, trieb mich zu Höchstleistungen an. Ich gab ihm am Tag darauf in einem Biergarten meine teure Bewerbungsmappe, spendierte ihm zum Dank ein Bier und wartete anschließend gespannt auf eine Reaktion des Seniorenheimes. „Sieht sehr gut aus", erzählte mir Ralf am nächsten Tag freudestrahlend, „die sind begeistert!". Als mich nach zwei Wochen noch immer keine Reaktion von Seiten des Altersheimes erreicht hatte, rief ich dort in der Personalstelle an.

„Hallo, Kiesewetter hier!" meldete ich mich in der Erwartung, bei meinem Namen würde dort bereits etwas läuten, schließlich „sah es ja sehr gut aus". „Ja bitte?"

„Ich.. äh.. Ich hatte mich bei Ihnen auf die freie Verwaltungsstelle beworben."

„Wir haben seit Monaten keine Bewerbungen mehr bekommen! Und von welcher freien Verwaltungsstelle reden Sie?"

„Hat Ihnen Herr Koller meine Bewerbungsunterlagen nicht zukommen lassen?"

„Herr wer?"

Schade, die Playstation konnte ich dann wohl auch vergessen. Ich entschloss mich dazu, diese Gelegenheit zu nutzen, um spaßeshalber ein bisschen zu testen, wann bei einem Menschen wie Ralf das Gewissen einsetzt. In den darauf folgenden Tagen ließ ich ihn des Öfteren wissen, dass mich meine Arbeitslosigkeit immer mehr deprimieren würde. Ich würde an Suizid denken. Alles was mich davon abhielt, mich umzubringen, sei die Chance auf die Stelle im Seniorenheim. Ralf zuckte nicht einmal mit der Wimper. Das würde schon werden, ich müsse mich gedulden.

Kopf hoch. Um ihn noch mehr unter Druck zu setzen, kündigte ich an, mich beim Seniorenheim telefonisch zu melden, um nach dem Stand meiner Bewerbung zu fragen.

„Da erreichst du niemanden, aber ich geb' dir die E-Mail Adresse von Vorstand", reagierte er hastig. Eine Viertelstunde später schickte er mir die Adresse „vorstand_seniorenhof@gmx.de" zu. Er hielt mich offensichtlich für den dümmsten Menschen der Welt. Ich schickte also eine Nachricht an *vorstand_seniorenhof@gmx.de*, in welcher ich Ralf fragte, für wie blöd er mich eigentlich hielt und was in aller Welt einen Menschen überhaupt dazu bringt, so eine abstruse Geschichte zu erfinden. Man habe mich schon oft belogen, aber das würde jeden Rahmen sprengen. Zum Abschluss gratulierte ich ihm zur dümmsten und sinnlosesten Lüge des Jahrtausends. Er kam danach nie wieder zur Arbeit und wurde fristlos entlassen.

Die Frage nach dem „Warum" wurde mir nie beantwortet. Und ich verstehe es bis heute nicht. Konnte es sein, dass sich Bosheit, Neid, oder Hass in einer solchen Weise manifestieren? Vielleicht, aber nur vielleicht hatte Ralf ja auch lediglich in meiner Gunst stehen wollen. Vielleicht war er auch nur einfach fürchterlich krank und brauchte dringend Hilfe. Vielleicht liegt die Antwort auf der Hand und ich bin einfach nur zu weltfremd, um sie zu erkennen. Ich werde es nie erfahren.

Harald, einer der Bewohner der Einrichtung, hatte über vierzig Jahre im Gefängnis verbracht. Er hatte damals den Vergewaltiger seiner Nichte aufgespürt, gefoltert und getötet. Im Gefängnis hatte er sein Talent zum Zeichnen entdeckt, seine Lieblingsmotive waren nackte Dämonen. Wir saßen bei einer Zigarette im Innenhof und ich erzählte ihm Ralfs Geschichte.

War ihm zu krank.

Ich kann meist nicht besonders gut mit Männern. Irgendwie sind die komisch: Reden größtenteils nur über Fußball, Fahrzeuge oder prahlen mit leidenschaftslosen sexuellen Eroberungen, die es oft nicht einmal gab, schmücken jede ihrer Geschichten irgendwie aus, um sich selbst noch toller darzustellen und geben sich in der Öffentlichkeit meist völlig anders als sie wirklich sind. Und dann gibt es die Frauen. Wunderschöne, interessante und majestätische Geschöpfe. Ich umgebe mich gerne mit ihnen, ich habe sie gerne im Arm, ich spreche gerne mit ihnen und ich liebe es, sie zu beobachten. Wer Menschen durch meine Augen sieht, kann fast jeder Frau irgendetwas Positives abgewinnen. Seien es simple Oberflächlichkeiten wie das Aussehen: Schöne Haut, große Augen, Grübchen, und allem voran schätze ich ein gesundes Lächeln. Ein super Beispiel hierfür ist die Politikerin Frauke Petry, die ehemalige Parteisprecherin der AfD. Ich kenne sie nicht persönlich und ich hasse sie zutiefst für ihre politischen Ansichten. Und doch bin ich vielleicht ein kleines bisschen in sie verliebt. Warum? Wegen ihres Lächelns. Was für eine umwerfende Frau! Würden Frauke Petry und ich eines Tages aufeinandertreffen, ich würde ihr vermutlich ganz ungezwungen ein paar Hitler- und Judenwitze erzählen, damit sie ein wenig für mich lächelt. Natürlich habe auch ich meine optischen Vorlieben und natürlich gibt es demnach Frauen, die ich persönlich als weniger gutaussehend wie Andere wahrnehme. Wenn sie überdurchschnittlich dürr sind oder an bestimmten Stellen ihres Körpers größere Muttermale haben, an denen ich keine Muttermale mag, zum Beispiel am Oberschenkel. Ekelhaft! Doch das würde mich nicht im Traum davon abhalten, sie als Mensch, als Frau zu schätzen. Die haben dann eine schöne Stimme, einen tollen Humor, sind intelligent und/oder haben bemerkenswerte Dinge zu erzählen. Was Frauen ebenso für mich interessant, auf eine merkwürdige Art anziehend wirken lässt, sind ihre jeweiligen Charaktere. Und zwar eigentlich fast alle. Die Sensiblen, die Unsensiblen, die Schüchternen, die Verrückten, die Unfreundlichen, die Unanständigen, die Braven, um nur einige wenige Beispiele zu nennen. Die eine oder andere Ausnahme gibt es natürlich auch hier, in welcher sich Frauen als bewusst bösartig, egoistisch oder manipulativ ihren Mitmenschen gegenüber offenbaren. Das Wort „bewusst" ist hier wichtig. Dass man beispielsweise schlechte Dinge tut, muss einen nicht zwingend zu einem schlechten Menschen machen. Nehmen wir Frauke Petry! Ich kann mir irgendwie nicht vorstellen, dass sie eines Tages aufgestanden ist, noch etwas müde ihre wunderschönen grünen Äuglein rieb und zu sich selbst voller Überzeugung sagte „Ich möchte ab heute regelmäßig Grenzen überschreiten, was dazu führt, dass rechtsradikale Vollidioten sich in ihrer Weltsicht bestätigt fühlen und ich mit meinen Parteigenossen mit unserer fremdenfeindlichen Hetze am Rande der Legalität schließlich ganz Deutschland in zwei Lager spalte. Lager, die sich früher oder später zerfleischen werden, wenn die anderen Politiker nicht langsam erkennen, dass etwas wirklich, wirklich verkehrt läuft und man sich in Einheit für Frieden und gegen Negativität und Misstrauen auf einer höheren Ebene fernab von links und rechts einzusetzen hat. Und dann hinterziehe ich Steuern!"

Aber ich schweife ab.

Abgesehen davon habe ich schlicht und einfach keinen Frauengeschmack. Ich verstehe nicht, wie ein Mann beispielsweise behaupten kann, er stünde hauptsächlich auf die blonden Versauten. Was ist denn an Brünetten auszusetzen? Wie zum Beispiel... Frauke Petry?
Okay, ich gebe es ja zu. Vielleicht ist Frauke Petry, rein optisch, meine Lieblingspolitikerin. Vielleicht habe ich manchmal erotische Träume und versaute Fantasien von ihr und ja, vielleicht, aber nur vielleicht, habe ich mal nach Nacktfotos von ihr gegoogelt. Es gibt keine.

Aber ich schweife ab.

Dass ich das weibliche Geschlecht so toll finde, brachte erfreulicherweise mit sich, dass ich Frauen nie, wie leider so viele meiner Artgenossen, als etwas Minderwertiges gesehen habe. Ich bin dabei natürlich bei Weitem kein Heiliger: Nicht selten nahm ich Freundinnen, Kolleginnen, manchmal sogar nur flüchtige oder frische Bekanntschaften mit zu mir nach Hause in der Hoffnung, diesen später noch näherkommen zu können. Doch ich habe daraus weder einen Hehl, noch jemals leere Versprechungen gemacht oder gar gelogen, um sie „ins Bett zu kriegen" Das füttert übrigens enorm das männliche Ego, wenn sich Frauen auf einen einlassen, obwohl man(n) sich hierfür kein bisschen verstellt hat. Wo wir wieder beim Thema Lüge und Wahrheit angelangt wären. Verdammt, ich schweife schon wieder ab.

Als ich mich gerade auf dem Höhepunkt meiner Karriere als Store Manager meiner Pizzafiliale befand, nahm meine Liebe zu den Frauen leider einige Zeit etwas überhand. Als ich eines Abends bei mir zuhause mit einer meiner Mitarbeiterinnen den Feierabend begoss, eröffnete mir diese, dass ihre von mir frisch eingestellte neue Kollegin Nicole wohl so gar nicht auf mich abfuhr. Klatsch und Tratsch ist halt doch immer dann am interessantesten, wenn es um einen selbst geht. Nicole war Anfang Zwanzig, blond, etwas zurückhaltend und russischer Abstammung. Offensichtlich stand sie nicht auf mich. Das war natürlich schade, doch trotzdem hatten wir von Anfang an ein gutes, wenn auch distanzierteres Verhältnis. Umso intensiver war unser ungeplantes Aufeinandertreffen ein paar Wochen später auf einem großen Musikfestival. Mitten in der Nacht gingen wir in einem See außerhalb des Festivalgeländes, ganz freundschaftlich und ein bisschen angetrunken, Nacktbaden. Nicole hatte die schönsten Brüste, die ich jemals gesehen hatte. Ich bereue es bis heute, niemals freizügige Fotos von Nicole gemacht zu haben und verfluche mein Gedächtnis regelrecht dafür, die Erinnerung an diese perfekt geformten Brüste mehr und mehr verblassen zu lassen. Das Wasser war eiskalt, also schwammen wir lediglich ein paar Bahnen durch den See, bis wir uns schließlich eng umschlungen küssten. Als sie leicht fröstelnd nur mit einem knappen Höschen bekleidet aus dem See stieg, wurde ihr Körper durch die Bäume leicht vom Mondlicht angeschienen und ich hätte nicht erwartet, dass ich jemals etwas so Schönes in freier Natur sehen würde. Zurück auf dem Gelände liebten wir uns anschließend in einer stilleren Ecke des Zeltplatzes zwischen ein paar Dixi Toiletten. Nicht sehr romantisch, dafür aber umso leidenschaftlicher. Wir wiederholten dies noch einige Male am Abend darauf und als die letzte Nacht des Festivals schließlich dem Tage wich, beschlossen wir, unsere gemeinsame Zeit fortzusetzen. Eine Weile waren wir nun ein festes Paar. Nicole und ich harmonierten wirklich wunderbar miteinander. Obwohl wir nie so ganz auf einer Wellenlänge waren, gingen uns nie die Gesprächsthemen aus. Dass ich mich vor Menschen nie vollends öffnete, störte sie nicht und der Sex war wirklich gigantisch. Um ihrer neuen Leidenschaft, dem Poledance zu frönen, wurde mein Schlafzimmer bald um eine Tanzstange bereichert, die mir einige wertvolle Erinnerungen bescherte. Wir stellten uns sogar gegenseitig unseren Familien vor - so weit ging ich wirklich selten. Und doch verblasste meine anfängliche Euphorie Nicole gegenüber bereits nach einigen Wochen. Eines Abends lagen wir nebeneinander im Bett, als sie mir etwas schüchtern ihre Liebe gestand. Das fiel ihr sichtlich schwer: sie wurde richtig rot - und umso mehr tat es mir leid, ihr diese netten Worte nicht zurückgeben zu können. Ich liebte sie, das tat ich wirklich, aber eben nicht so, wie man eine Frau liebt, sondern wie ich alle Frauen liebe. So lernte ich eines Abends in der Kneipe um die Ecke eine junge schwarzhaarige Studentin namens Judith kennen, mit der ich mich sogleich super verstand. Wir hatten denselben Musikgeschmack und sie hatte eine tolle Art sich zu kleiden. Als die Kneipe schloss, führten wir unser Gespräch bei mir zuhause fort und schliefen schließlich miteinander. Judith hatte eine äußerst interessante Hautkrankheit, die man zwar nicht sehen, aber dafür spüren konnte. Ihre Haut fühlte sich an wie die Oberfläche von einem Baum. Als hätte man Sex mit einem ziemlich gutaussehenden sexy Pinocchio. Als ich am nächsten Morgen erwachte und Judith ihren nackten Körper an mich kuschelte, was sich anfühlte, als würde mich jemand zärtlich mit Schleifpapier einreiben, bekam ich ein furchtbar schlechtes Gewissen und hasste mich selbst: Dafür, dass ich Nicole, diese tolle, schöne, liebenswerte Frau, betrogen hatte. Da ich trotzdem zu wenig Reue empfand, um mir selbst versprechen zu können, dies nie wieder zu tun, verließ ich Nicole am selben Abend. Zwar verschwieg ich ihr aus Feigheit den Auslöser meiner Entscheidung, blieb abgesehen davon aber ehrlich. Ich sagte ihr, dass sie so viel Liebe und Zuneigung zu geben habe und jemanden verdiene, der diese Gefühle nicht nur annehmen, sondern auch zurückgeben könne. Typisches abgedroschenes Trennungsgequatsche. Doch ich meinte jedes Wort so, wie ich es sagte. Ich entschuldigte mich offen und ehrlich dafür, dass ich mich selbst nicht gut genug kannte, um eher zu erkennen, dass meine Gefühle ihr gegenüber nicht die sind, die es für eine feste Beziehung benötige. Als sie zu weinen begann, hasste ich mich selbst noch mehr. Das alles wäre so vermeidbar gewesen. Und niemand, der so viel Liebe gibt, sollte jemals traurig sein. Als sie mich zur Tür brachte und ich mein Auto startete, lief gerade der Song „Africa" im Radio und als die schluchzende Nicole im Rückspiegel immer kleiner wurde, sangen Toto gerade die Zeile „Hurry Boy, she's waiting there for you."

Ich werde vermutlich nie erfahren, ob mir damit irgendeine höhere Macht etwas sagen wollte und es verging in den darauf folgenden Wochen kein Moment, in dem ich mir diese Frage nicht stellte. Ich wollte mein Leben derzeit nicht ohne Nicole leben und sie offensichtlich ihres nicht ohne mich, also fingen wir bald wieder an, uns zu treffen. Jedoch, und das hatte ich im Vorfeld deutlich gemacht, wollte ich es gerne bei guter Freundschaft belassen. Und ein bisschen Sex. Das genügte meinem Gewissen, um meiner Liebe zum weiblichen Geschlecht wieder ganz ungezügelt freien Lauf zu lassen. Dass Nicole selbstverständlich weiterhin so für mich empfand, wie sie es zuvor getan hatte, wusste ich natürlich. Aber eine andere Lösung hatte ich in diesem Moment nicht parat. Die Freundschaft mit Nicole dümpelte so vor sich hin. Wir sahen uns etwa zwei Mal pro Woche, kochten miteinander, sahen zusammen einen Film oder machten auch mal einen Kurzurlaub. Dinge, die Freunde halt so tun, redete ich mir ein. Die restlichen Abende verbrachte ich entweder alleine oder aber mit anderen Frauen. Mein Umfeld war schockiert davon. Absolut niemand sympathisierte mit meinen Taten und ich weiß nicht, warum ich das damals nicht verstehen wollte, war ich selbst doch schon oft genug Opfer geworden von falschen Hoffnungen und Menschen, die meine Gutmütigkeit, meine Geduld und mein Verständnis zu ihrem eigenen Wohl ausnutzten. Die Ablehnung, mit der man mir aufgrund meiner regelmäßigen Untreue begegnete, ging so weit, dass ich eines Nachts eine meiner Freundinnen klammheimlich in meine Wohnung schmuggeln musste, um meinen Bruder, der bei mir übernachtete, nicht zu wecken.

Das ganze zog sich über mehrere Monate, bis ich schließlich Natalie, meine heutige Partnerin kennenlernte. Ich hatte am Abend zuvor noch versucht, mit einer Bekannten ein Sexvideo zu drehen, was übrigens nicht so wirklich funktionieren wollte, und hätte mir nicht im Entferntesten vorstellen können, dass ich in ein paar Stunden keine Lust mehr haben würde, dieser Mensch zu sein.

So trennte ich mich ein zweites und letztes Mal von Nicole. Auch wenn wir den zweiten Abschnitt unserer Partnerschaft ja eigentlich nie offiziell gemacht hatten und als reine Freundschaft deklarierten, war ich vollends davon überzeugt, dass ich nun alles zu beenden hatte, was noch offen war. Wieder gab es Tränen, wieder verzichtete ich darauf, all meine Trennungsgründe zu nennen. Nicole saß auf meiner Couch, während ich ihr gegenüber in meinem Sessel saß, und sie weinte bitterlich. Schließlich hatten wir uns alles gesagt und ich begann damit, mich im Bad fertig zu machen. Als ich meine Kontaktlinsen einsetzte und etwas Reinigungslösung aus meinen Augen über die Wangen tropfte, versuchte ich Nicole mit dem Satz „Hey, schau mal! Jetzt weinen wir beide!" etwas aufzuheitern. Doch wie es aussah, hatte ich ihren Sinn für Humor überschätzt.

Nicoles Trauer wich bereits sehr bald purem Hass mir gegenüber. Das war nichts Ungewöhnliches und begann vermutlich, als sie Natalie und mich einige Tage nach unserer Trennung zusammen in einer Bar beobachtete. Und auch das kann ich ihr beim besten Willen nicht verdenken. Ich war sogar etwas dankbar darüber, dass sie mich zusammen mit ein paar ihrer Freundinnen eines Abends vor besagter Bar wüst beschimpfte. Tat ihr bestimmt gut. Nichts anderes hatte ich verdient und außerdem bedeutete es, dass ihr Trauerprozess gesunde Fortschritte machte. Mit Natalie fühlte sich alles so unerwartet richtig und einfach an, dass es beinahe beängstigend war. Aufgrund meiner Erfahrung erwartete ich in den kommenden Monaten mit Spannung den Wendepunkt unserer Beziehung. Irgendetwas musste ja passieren. Dass sie mich bald langweilen und ich mich wieder anderen Frauen zuwenden würde. Oder dass sie mich irgendwann aufgrund unserer unterschiedlichen Vorlieben und Hobbies, meiner offenen Liebe zum weiblichen Geschlecht und meiner manchmal sehr rücksichtslosen Ehrlichkeit für jemand Passenderen verlassen würde. Und doch gingen die Jahre ins Land. Wie das so ist, fanden wir, je besser wir uns kennenlernten, immer mehr Fehler am Anderen. Niemand ist vollkommen. Doch wir fanden einen Weg, uns nicht

TROTZ dieser Fehler, sondern AUFGRUND dieser Fehler nur noch mehr zu lieben. Einer der wertvollsten Ratschläge, die mir meine Großmutter einst mit auf den Weg gab.

Meine Polyamorie besteht bis heute, jedoch bei Weitem nicht mehr im damaligen Umfang. Nach wie vor bin ich der Ansicht, dass jede Frau auf eine bestimmte Art und Weise wunderschön ist. Und nach wie vor würde ich manchen Frauen am liebsten stundenlang hinterherlaufen, um ihnen einfach nur beim Reden, Denken und Lächeln, bei alltäglicher Interaktion zuzusehen. Leider rufen die jedes Mal irgendwann die Polizei.

Doch an der Spitze steht unbestritten Natalie. Die Frage, die ihr am häufigsten gestellt wird, ist „Wie zum Teufel hast du das angestellt?" - und weder sie noch ich wissen es. Ich würde sie gegen nichts und niemanden eintauschen.

Naja, vielleicht gegen Frauke Petry.

Das alte Arschloch vom Pizzaladen

Einige Monate sollten ins Land gehen, bis ich in meinem ursprünglich erlernten Berufsfeld wieder Fuß fasste. Es schien, als würde der Fluch der Voodoo-Hexerinnen so langsam verjähren. Etwa einmal im Jahr treffe ich seither auf dem Nürnberger Volksfest auf einen alten Mitarbeiter aus meiner Zeit beim Pizzaladen. „Alt" trifft es in diesem Falle ziemlich gut, denn gemessen am Altersdurchschnitt der anderen Kollegen war er dort mit seinen 55 Lebensjahren älter als die Zeit. Ich vermeide es übrigens absichtlich, seinen Namen zu nennen. Nicht etwa aus Datenschutzgründen, sondern weil ich mir seinen Namen partout nicht merken kann. Versteht mich nicht falsch: „Er" war mir einer meiner liebsten Mitarbeiter. Man konnte sich auf hochdeutsch mit ihm unterhalten, er war stets gewillt, für sein Geld zu arbeiten und hatte wirklich wahnsinnig interessante Geschichten auf Lager.

Dementsprechend freue ich mich jedes Mal, wenn wir uns über den Weg laufen. Meistens haben wir dann nur kurz Zeit zum Reden. Ich solle mich doch mal wieder bei ihm melden, wir sollten uns überhaupt alle mal wiedersehen, wie es beruflich läuft... Bedeutungsloser Smalltalk eben, aber immer eine Freude, diesen Typen zu sehen.

Bei unserem letzten Aufeinandertreffen erzählte ich ihm, dass eine Auswahl der ehemaligen Kollegen im Dezember mal wieder auf dem Nürnberger Weihnachtsmarkt zusammenkommen wollte. Es war mittlerweile zum Ritual geworden, dass ich mich gegen Ende des Jahres mit einigen meiner alten Mitarbeiter dort zusammenschloss und man schließlich nach unzähligen Tassen Glühwein in einem Stripclub versumpfte. Natürlich war er gleich Feuer und Flamme und bot an, mir seine Handynummer zu geben, damit ich ihn zu gegebener Zeit mit weiteren Infos füttern könne. Ich glaubte, mich daran zu erinnern, dass er mir bei einem unserer letzten Treffen bereits seine Nummer mitgeteilt hatte, also zückte ich mein Telefon und hielt es ihm unter die Nase, während er mich anklingeln ließ.

Und tatsächlich! Ich musste mir in den letzten Jahren in der Tat seine Nummer eingespeichert haben und wie es aussah, konnte ich mir schon damals seinen Namen nicht merken! Mein Telefon begann zu läuten und auf dem Display prangte dick und fett der damals von mir gewählte Anrufername „Altes Arschloch vom Pizzaladen". Was bin ich doch für ein Schlingel! Würden es die Gesetze der Physik gestatten, hätte ich meinem Vergangenheits-Ich in diesem Moment mit voller Wucht in den Arsch getreten. Da mir dieser Ausweg leider verwehrt war, blieb mir nichts weiter als peinlich berührt den Bildschirm meines Smartphones zu sperren und mich zu verabschieden. Auf mein „Sehen wir uns im Dezember?" bekam ich keine Antwort.

So ein unfreundliches Arschloch.

Mein Bruder Martin und ich waren eines Abends in der Stadt unterwegs. Eine Arbeitskollegin hatte ihn in eine Karaoke-Bar eingeladen und da wir augenscheinlich nichts Besseres vorhatten, folgten wir der Einladung.

Vor besagter Bar stand sie bereits und empfing uns mit erschreckend offenen Armen. Ich hatte die Dame in meinem Leben noch nie zuvor gesehen und doch befand ich mich nun seit 2 Minuten in einer Umarmung, die sich auch durch hinweisendes Rückenklopfen und ein seufzendes „okayyyyy" nicht beenden lassen wollte. Es wurde schließlich noch unangenehmer: Sie sah mir tief in die Augen, beinahe berührten sich unsere Nasen und sie flüsterte „Du bist wirklich da... Ich hab schon so viel von dir gehört... Ich kenne alle eure Songs und Videos...". Sie war anscheinend ziemlich betrunken, ließ aber schließlich von mir ab.

Nun war es an der Zeit, dass sie uns ihre Begleiter vorstellte. Das war in erster Linie ein Haufen von kreischenden Mädels, dann waren da noch ihr Lebensgefährte und ein weiterer Kerl, der sich uns als Max vorstellte und wohl zu ihrem Freund gehörte.

Auf der gegenüberliegenden Straßenseite befand sich eine für die Öffentlichkeit zugängliche Garage, aus der laute Deutsche Rockmusik erklang, mit einem großen Schild, auf welchem stand: „HEUTE GROSSE

ONKELZ-NACHT!". Es mag als Vorurteil gelten, dass jeder Fan der Band „Böhse Onkelz" oberflächlich und rechtsoffen ist. Allerdings habe ich auch noch nie einen Onkelz-Fan kennengelernt, mit dem ich über die großen Fragen des Lebens philosophieren konnte. Gibt es einen Gott, Onkelz-Fan? Und wenn nein, welch enorm großer Glücksfall, welch unermessliches Wunder ist es dann, dass vor 13 Milliarden Jahren ein Urknall dazu geführt hat, dass wir nun, nachdem wir Menschen uns über endlos scheinende Zeitabschnitte aus dem Affen entwickelt haben, hier stehen und uns darüber unterhalten können? Ohne Beihilfe einer höheren Macht, die das Ganze irgendwie ins Rollen brachte und in die richtigen Bahnen gelenkt hat? Hat jemand, der sich als Fan der Böhsen Onkelz sieht, jemals gesagt: „Wir sind alle Menschen auf Gottes großer Erde. Und um unser so kurzes Dasein auf dieser Welt bestmöglich zu gestalten, sollten wir alle einander helfen. Fernab von Hautfarbe, Herkunft und Religion, wenn ein Mitmensch meine Hilfe braucht, dann helfe ich ihm."? Belehrt mich gerne eines Besseren - nur zu gerne möchte ich mit diesem Vorurteil aufräumen.

Zurück zum Thema.

Ich bin kein Fan von Vorurteilen, werde ich doch selbst beinahe tagtäglich mit ihnen konfrontiert. Doch dies ist eines der Wenigen, an die ich glaube und die man mir bisher noch nicht austreiben konnte. Da standen wir also mit Martins Arbeitskollegin und ihrem Anhang gegenüber der „Großen Onkelz-

Nacht". Laut gegrölte Parolen, welche aus einfach formulierten Selbstverständlichkeiten bestanden, schallten uns begleitet von einseitigen Kompositionen rhythmisch entgegen. „Wir sind die Onkelz! Nur die Besten sterben jung! Nichts ist für die Ewigkeit! Wer nichts wagt, kann nichts verlier'n!" Ich möchte es nicht beschwören, aber hätten die Böhsen Onkelz ein Lied mit dem Titel „Papier besteht aus Bäumen!" oder „Eins plus Eins ist Zwei" geschrieben, es wäre in Fan-Kreisen mit hoher Wahrscheinlichkeit ein Mega-Hit geworden. Ich gab meine Theorie über Onkelz-Fans zum Besten und Max widersprach mir lauthals. Man könne ja wohl die Onkelz gut finden, ohne rechts zu sein! Stolz auf sein Land zu sein, so ein kleines bisschen Nationalstolz sei ja wohl in Ordnung! Es entstand eine interessante Diskussion, waren wir der Ansicht, man dürfe nicht so sehr in Grenzen denken. Max wiederum beharrte auf seinem Standpunkt, man müsse stolz auf sein Land sein. Mein Bruder hielt einen aufschlussreichen Monolog darüber, dass man doch nichts dafür könne, in welchem Quadranten der Erde, in welchem auf einer Landkarte mit rotem Stift eingezeichneten Areal sich deine Eltern aufhielten, als du geboren wurdest. Stolz auf etwas zu sein, wofür man nicht das Geringste getan hat, ist so, als wäre man Stolz auf Luft.

Beipflichtend fügte ich hinzu: „Oder stolz auf Licht!"
Martin fuhr fort: „Stolz auf die Farbe Blau!".
Ich erwiderte: „Stolz auf Jahreszeiten!"

Und das war der Moment, als der Abend eine unschöne Wendung nahm. Wir hatten bereits unser drittes Bier intus und konnten, ja, wollten einfach nicht aufhören, den Typen im Minutentakt mit Begriffen zu bombardieren, auf die man ebenfalls stolz sein könne.

„Hey Max, ich bin stolz auf diese Straßenlaterne!", lachte Martin gerade, als ein Bettler an uns vorbeilief und ich diesem zwei Euro zusteckte. Als er sich von uns entfernt hatte, eröffnete ich Max, dass ich außerdem stolz auf diesen Obdachlosen sei. Das war dann wohl der Tropfen, der das Fass zum Überlaufen brachte, und wutentbrannt machte Max nun seinem Ärger darüber Luft, dass er sich so langsam von uns verarscht fühlte.

Irgendwie hatte er ja Recht. Wir taten seit einer geschlagenen Stunde fast nichts anderes als ihn wegen seines absurden Stolzes auf Selbstverständlichkeiten aufzuziehen. Und plötzlich tat er mir leid. Ich fühlte mich, als hätte ich jemanden aufgezogen, weil er im Rollstuhl sitzt.

Ich ging also zur Bar, bestellte ihm ein Bier und stieß meine Bierflasche schließlich versöhnend gegen die seine. Nach einem gemeinsamen Schluck setzten wir uns abschließend in der Kneipe an einen Tisch, ich blickte erst meine halbleere Bierflasche und dann ihn an und äußerte nach einer kurzen, angenehmen Stille mit voller Überzeugung: „Ich bin stolz auf dieses Bier!".

Bluti der schwerverletzte Clown, der dringend ins Krankenhaus muss

Okay, dieses Kapitel gehört hier eigentlich wirklich nicht hin. Ich weiß nicht, ob ich das überhaupt irgendwem zumuten sollte. Doch irgendwie bin ich auch stolz darauf. Entscheidet selbst.

Ich hatte vor einer Weile eine, so glaube ich, bahnbrechende Idee für eine Kurzgeschichte, welche man eigentlich bebildert zu Papier bringen müsste. Leider kann ich weder zeichnen noch animieren. Falls es einer von euch kann: Dies ist mein Geschenk an euch.

Die Geschichte von Bluti, dem schwerverletzten Clown, der dringend ins Krankenhaus muss.

Bluti war als Alleinunterhalter und Clown in einem etwas kleineren Zirkus angestellt. Nichts tat er lieber, als Menschen zum Lachen zu bringen. Leider war er darin fürchterlich schlecht. Regelmäßig wurde Bluti ausgebuht und mit allerlei Gegenständen beworfen. An guten Tagen waren es nur faule Äpfel, Aprikosen oder Birnen. War er jedoch in schlechterer Verfassung und trug dementsprechend schlechte Witze vor, wurden ihm schon auch gerne mal Steine, Elektronikgeräte, oder Kakteen an den Kopf geworfen. Eines Abends erzählte er einen solch geschmacklosen Witz (Was ist der Unterschied zwischen einem Stein und einem Kleinkind? – Mit einem Stein kann man nicht... ach, vergesst es einfach), dass ihm irgendjemand aus dem Publikum einen lebenden Igel ins Gesicht warf. Dabei verletzte sich Bluti so schlimm, dass er am darauf folgenden Tag eigentlich nicht hätte auftreten können. Dazu war der Zirkusdirektor Angelino Gorgonzola so erbost über die schlechte Resonanz, dass er beschloss Bluti zu feuern.

„Bluti, ich kann dich einfach nicht weiter hier beschäftigen. Eine Kette ist nur so stark wie ihr schwächstes Glied, und das bist ohne Zweifel du. Ich möchte dich bitten, heute Abend ein letztes Mal in den Scheinwerfer zu treten und dann ohne zu murren deine Sachen zu packen und zu gehen."

„Zirkusdirektor Angelino Gorgonzola!", weinte Bluti, dem der langsam dahinscheidende Igel noch immer tief im Gesicht steckte. „Ich bin wirklich schwer verletzt und muss dringend ins Krankenhaus!". Doch mit Angelino Gorgonzola war nach Bluti's katastrophalen letztem Auftritt nicht gut Kirschen essen. Der kleine Mann schlug mit hochrotem Kopf auf den Schreibtisch: „Keine faulen Ausreden! Du trittst heute ein letztes Mal auf und dann will ich deine lächerlich geschminkte Visage hier nie wieder sehen! Jetzt geh und bereite dich vor!".

Bluti der Clown wusste, wenn er diese letzte Chance im Rampenlicht zu stehen nicht nutzte, würde es das letzte Mal gewesen sein.

Als sich das Zirkuszelt an diesem Abend wieder mit Menschen füllte, hatte Bluti schon so viel Blut verloren, dass er sich kaum auf den Beinen halten konnte. Doch nichts in der Welt sollte ihm seinen letzten Auftritt nehmen. Als schließlich sein Name aufgerufen wurde humpelte er in den Scheinwerfer und öffnete den Mund um zu seinem letzten Witz aller Zeiten anzusetzen. Doch in diesem Moment brach er vor Erschöpfung zusammen und kauerte in Fötus Stellung auf dem Boden der Manege. Das Publikum, welches voller Spannung komödiantische Unterhaltung erwartete, begann zu johlen und zu pfeifen, gespannt was dieser verrückte Kerl wohl als nächstes anstellen würde.

„Bitte…", flehte Bluti in sein Mikrophon, „ich bin wirklich schwer verletzt und muss dringend ins Krankenhaus…". Er traute seinen Ohren nicht, als er das laute Gelächter des Publikums vernahm. Er rappelte sich auf und kroch auf allen Vieren auf das Publikum zu. „Warum lachen Sie?!" röchelte er mit ausgestrecktem Arm, „bitte rufen Sie einen Krankenwagen der mich schnell zum nächsten Krankenhaus bringt!". Das Publikum war außer Rand und Band. Kinder prusteten Kakao durch ihre Nasen, Mütter hielten sich den Bauch vor Lachen, während Tränen aus Makeup ihre Wangen herabliefen. Popcorn und Smarties flogen kreuz und quer durch das gesamte Zelt, da nicht ein einziger Mensch mehr still sitzen konnte. „Was zum Teufel ist denn los mit euch?!" schrie der verzweifelte Clown, während er vor Schmerz auf dem Boden herumrobbte. Dann wurde um ihn herum alles Schwarz, das Lachen klang noch leise in seinen Ohren, bis er schließlich vollends das Bewusstsein verlor.

Als er wieder erwachte, lag er in seinem blutdurchtränkten Bett. Um ihn herum standen alle seine Kollegen, die ihm laut applaudierten und gratulierten. „Die beste Vorstellung deines Lebens!", grölte der Dompteur. „Ich habe mich schiefgelacht!" kicherte die Schlangenfrau. Und selbst der Zirkusdirektor Angelino Gorgonzola stand lächelnd vor ihm, schüttelte ihm die Hand und sagte „Alles vergeben und vergessen, alter Freund. Vergeben und vergessen!". Bluti versuchte zu erklären: „Ich brauche einfach nur.." und wurde sofort vom Zirkusdirektor unterbrochen: „Wir wollen überhaupt nicht wissen, wie du es angestellt hast! Ein Zauberer darf seine Tricks nie verraten. Wir wollen nur, dass du es weiterhin machst! Verzaubere das Publikum mit deiner Magie, wo immer sie auch herkommt!".

„Angelino, ich muss wirklich.."

„Ja du hast recht, ruh dich aus mein teurer Freund, die Vorstellung heute Abend ist bereits ausgebucht!".

Die Wunde in Blutis Gesicht begann sich mittlerweile zu entzünden und aufgrund des verwesenden Igels übel zu riechen. Allem Anschein nach hatte er sich beim Herumkriechen in der Manege dicke Holzsplitter in die Arme und Beine gezogen, denn diese ragten weit aus seinen Gliedmaßen heraus. Es gab keinen Zweifel: Bluti war schwer verletzt und musste dringend ins Krankenhaus! Dort angekommen erkannten ihn bereits die Ärzte, Pfleger und Krankenschwestern, die am Vorabend seine Show besucht hatten. „Seht mal, das ist Bluti, der schwerverletzte Clown der dringend ins Krankenhaus muss! Er ist offensichtlich gekommen unsere Patienten zu erheitern!". „Herr Doktor, ich bin wirklich schwer verletzt und muss…"

„Sparen Sie sich das für die Patienten! Hier entlang!".
In der Intensivstation kugelten sich die Patienten vor
Lachen. Der Kinderkrebsflügel, sämtliche Operations-
säle und sogar die Quarantänezone befanden sich im
absoluten Ausnahmezustand, eine solche Stimmung
hatte das Krankenhauspersonal in diesem Gebäude
noch nie erlebt. Als Bluti schließlich in seiner Verzweiflung die Fahrer der Krankenwagen in der Tiefga-
rage unter Tränen anflehte, ihm zu helfen, verstummte deren Lachen plötzlich und sie musterten ihn mit
besorgtem Blick.

„Mensch Bluti, warum hast du denn nichts gesagt?
Wenn wir noch länger gewartet hätten wäre eine
Katastrophe passiert!"

„Ich sagte Ihnen bereits, ich habe wirklich ernsthafte
Verletzungen und muss ganz dringend.."

„Komm, steig' ein! Wir fahren dich!"

Mit Blaulicht und Sirene brachte man Bluti, den
schwerverletzten Clown gerade noch rechtzeitig zurück in den Zirkus, wo die Leute bereits im Chor brüllten:

„WIR WOLLEN BLUTI DEN SCHWERVERLETZTEN
CLOWN DER DRINGEND INS KRANKENHAUS MUSS!
WIR WOLLEN BLUTI DEN SCHWERVERLETZTEN
CLOWN DER DRINGEND INS KRANKENHAUS MUSS!".

Bluti hatte endlich erreicht, was er Zeit seines Lebens
herbeigesehnt hatte. Und während er eine plät-
schernde Blutlache hinter sich herzog, taumelte er
mit einem lauten schmerzerfüllten Schrei langsam
durch den leicht geöffneten Vorhang in den tosenden

Applaus und das gleißende Scheinwerferlicht, in welchem seine Silhouette schließlich verschwand.

Mittlerweile hat Bluti sich zur Ruhe gesetzt. Heute unterhält er lediglich seine Pfleger im Altersheim mit Witzen wie „Ich habe in die Hose gemacht", „Das sind nicht meine Tabletten" oder „Der Mann der mich einmal pro Woche besucht, ist nicht mein Sohn und will mich immer küssen". Und darüber freuen sich alle immer sehr.

Mein Bruder hat sich mittlerweile in unserer Region einen ganz ordentlichen Ruf als Musiker und Liedermacher erarbeitet. Zu Recht, muss man an dieser Stelle sagen. Ab und zu werde auch ich in der Öffentlichkeit angesprochen mit den Worten „Bist du nicht der Typ von BLUT UND TOD?", was natürlich toll ist. Viel öfter jedoch passiert es, dass ich in der Öffentlichkeit mit den Worten „Bist du nicht der Bruder vom Martin Kiesewetter?" angesprochen werde. Auch das ist natürlich toll wie auch verständlich. Seine Kunst sticht neben der meinen einfach hervor. Aus seinem Hirn entspringt das Essenzielle: die Musik. Die Satz- und Wortfetzen, welche ich zu Songtexten zusammenkleistere, so auch die Musikvideos, welche ich in ein paar Stündchen erstelle, sind bestimmt auch ganz nett. Was aber letztendlich im Kopf bleibt, ist die Melodie. Und das ist auch okay. Anerkennung und Bestätigung von außerhalb sind ganz nette Dinge, doch gehören für mich definitiv zur Kategorie „Sollte man nicht brauchen, um glücklich zu sein".

Aus der Hochzeitsband meines Bruders ergab sich eine nette Bekanntschaft zu Sängerin Corinna. Corinna hat es bereits so weit gebracht, dass sie von der Musik leben kann – so teilte sie bereits mit namhaften Künstlern die Bühne, schart bei Auftritten beeindruckend talentierte Musiker um sich und war ab und an sogar mal im TV zu bestaunen. Ihre Schwester, Kabarettistin und ebenfalls Musikerin, lud uns einst zu ihrem Geburtstag ein. „Es wird sehr lustig und musikalisch!" versprach sie. Versteht mich nicht falsch - ich mag diese beiden Schwestern ziemlich gerne: zwei unverbrauchte, sensible, leidenschaftliche und gutaussehende Menschen, die ich gleichzeitig ob ihrer Weichherzigkeit beneide sowie bemitleide. Wenn man mich jedoch auf eine Veranstaltung mit den Worten „Bringt gute Laune mit" einlädt, stellen sich mir die Nackenhaare auf.

Anstatt guter Laune brachten wir einen Rucksack voller Dosenbier mit - so ein großer Unterschied besteht da nicht - denn was uns an diesem Abend erwarten sollte, war gehobene Gesellschaft, Weißwein und Corinnas Schwester, die bereits im Treppenhaus vor ihrer Wohnung stand und vor Freude von einem Bein auf das andere hüpfte, als wir die Stufen erklommen. Wenn sich dieses breit grinsende Wesen, das mich gerade so überschwänglich in den Arm nahm, so sehr über Kleinigkeiten freut, wie geht es dann bitte mit Unglück, Rückschlägen oder gar Todesfällen um? Dieser Gedanke quälte mich den ganzen Abend - vielleicht frag ich sie einfach beim nächsten Mal. Im Wohnzimmer türmten sich Musikinstrumente, auf der Couch lümmelten Menschen mit gefüllten Sektgläsern, auf dem Balkon wurde geraucht und gelacht. Wir winkten müde in die Runde und ich hoffte, dass wir uns äußerlich genug abgrenzten, um heute nicht In zu viele Gespräche verwickelt zu werden.

Drei Stunden später. Ich gebe es nur ungern zu, aber wir amüsierten uns prächtig. Corinna hatte ein paar

Ständchen zum Besten gegeben, ihre Schwester führte einige Auszüge ihres Comedy-Programms auf und selbst Martin beanspruchte das Piano ab und zu für sich, um die Meute zu unterhalten. Es wurde mitgesungen, auf Bongos getrommelt und immer wieder laut gejohlt, gepfiffen und applaudiert. Der Abend endete schließlich in der Küche, als der Inhalt unseres Rucksacks aufgebraucht war und wir den Kühlschrank auf Bierbestände untersuchten. Unsere Gastgeberin befand sich, zusammen mit Corinna, ebenfalls in der Küche, als sich ein asiatisch aussehender Kerl auf den Heimweg machte und sich von uns verabschieden wollte.

„Super Sängerin!", schwärmte er, als er Corinnas Hand schüttelte, sich anschließend zu deren Schwester drehte und sie in den Arm nahm.

„Super Gastgeberin!", lobte er sie, nicht zuletzt im Hinblick auf ihre toll dargebotene Comedy-Aufführung.

„Super Pianist!", bewunderte er Martin, als er auch ihn mit einem Handschlag verabschiedete. Dann wanderte sein Blick zu mir. Ein paar Sekunden ratterte es in diesem Asiaten, bis er mir mit den Worten „Super Bruder" die Hand reichte. Selbstgefälliger Penner. Ich erwiderte den Handschlag und antwortete: „Super Chinese!".

Außer meinem Bruder krümmte sich zwar sonst niemand auf dem Küchenboden vor Lachen und man geleitete uns kurz darauf zur Tür, aber ich wusste ja, worauf ich mich bei „Bringt gute Laune mit" einlasse.

Epilog

„Wie gern wäre ich manchmal so wie du!"

Ich höre das des Öfteren. Das Leben hat mich zu einem merkwürdigen Kauz werden lassen, doch nach außen hin scheint das irgendwie etwas falsch rüberzukommen. Enttäuschung, Verlust, Stress oder Ungerechtigkeit einfach so wegzustecken klingt natürlich toll. Doch ganz so einfach ist das nicht.

„Wie gern wäre ich manchmal so wie du!"

So wie ich... Wie bin ich denn eigentlich? Und ist das überhaupt etwas Gutes? Es ist ein bisschen so, als würde man versuchen, jemandem zu erklären, wie man pfeift. Das geht schon irgendwie, aber herausfinden muss man es letztendlich selbst.

Ich hatte in meinem Leben genügend Negativität, weswegen ich diese tatsächlich seit einigen Jahren rigoros aus meiner Gefühlswelt fernhalte. Das geht zwar nicht ohne ein paar Abstriche, hat sich jedoch immer wieder absolut bewährt. Ich bin mittlerweile allerdings nicht nur unfähig, Freundschaften zu schließen beziehungsweise die paar Bestehenden ordentlich zu pflegen, ich möchte es nicht einmal mehr. Was bringt das, so viele Fremdkörper in seinem Leben zu platzieren? Ich bin heilfroh, dass ein Teil der wenigen Menschen in meinem Leben mein Verhalten zumindest ansatzweise richtig deuten kann.

So gut wie nichts ist für mich noch von Bedeutung oder beeindruckt mich in irgendeiner Weise.

Du hast einen großen Freundeskreis? Ihr seid total verrückt und ausgeflippt? Seid ihr nicht. Ihr seid stinknormal. Wenn du wirklich etwas Besonderes bist, werden das die Menschen wahrnehmen und dir dementsprechend mit Unverständnis und Ablehnung begegnen. Ihr werdet euch alle früher oder später gegenseitig belügen, betrügen oder im Stich lassen. Und dann kommt jemand Neues. Jeder und alles ist für alles und jeden früher oder später ersetzbar. Auch du und ich. Du behauptest, du würdest dich und das Leben nicht ganz so ernst nehmen? In dem Augenblick, in dem du den Drang verspürst, diese Behauptung aufzustellen, nimmst du dich und dein Leben zu ernst. Du denkst, du bist ein guter Mensch, weil du selbstlos jemanden getröstet oder jemand Bedürftigem geholfen hast? So löblich deine Taten auch sein mögen, aber wenn du das wirklich denkst, hast du diese Taten nicht vielleicht hauptsächlich deshalb verrichtet, um dein Selbstwertgefühl aufzupolieren? Was andere von dir denken? Erzähl was du willst, aber es ist dir wichtig. Du wirst es allerdings nie auch nur ansatzweise erfahren und es tut auch nichts zur Sache. Es ist vollkommen unwichtig, welchen Farbton deine Hausfassade hat, wie teuer oder billig dein neues Oberteil war, wie lange dein iPhone-Akku hält, welchen neusten Klatsch und Tratsch du als erstes erfahren hast, dass du hautglättende Farbfilter auf dein Badezimmer-Selfie legst, wie viele Likes du damit erzeugst, ob du dabei ein Duck-Face machst, als wärst du witzig oder einen ernsten Blick aufsetzt, als wärst du ein harter Kerl. Und wenn du aufgrund solcher oder ähnlich unbedeutender Kriterien den Wert eines Menschen oder gar deinen eigenen festmachst, dann hast du ganz offensichtlich in der Buchhandlung beim Kauf der „InStyle" danebengegriffen und aus Versehen dieses Buch erwischt. Kann ja mal passieren.

Nur wenige Leute interessieren sich bei einer Unterhaltung wirklich dafür, was du zu ihnen sagst. Das müssen die nicht einmal böse meinen, geschweige denn sich dessen bewusst sein. Mit ein bisschen Übung lässt sich leicht herausfinden, wer ehrliches Interesse hat und wer es lediglich heuchelt, um sich selbst wiederum unbewusst einzureden, er sei ein guter Mensch, weil er seine Mitmenschen ab und zu mal fragt, wie es ihnen geht.

Nein, niemand möchte wie ich sein. Ich weiß, glaube und sehe Dinge, ohne die man vermutlich glücklicher ist. Gleichzeitig habe ich allerdings gewisse Charakterzüge und Emotionen abgelegt, ohne die man definitiv besser dran ist. Klar, es deprimiert manchmal gewaltig, nicht zum Durchschnitt gehören zu können. Und doch würde ich es für mich nicht anders wollen. Immer wieder bewundere ich Menschen, die ihre Gefühle noch unbeschwert und uneingeschränkt zulassen. Wie intensiv sich manch einer über positive Geschehnisse noch freuen kann, ist wirklich beneidenswert. Wenn ich mir dann jedoch ausmale, was solch eine Person bei Todesfällen, Verlust und Rückschlägen empfinden muss, bin ich mit meiner Einstellung wieder ziemlich im Reinen.

Jeder hat eine andere Formel zum Glücklichsein und ich bin offensichtlich niemand, der Ratschläge erteilen sollte. Seht die folgenden Zeilen also eher als Denkanstoß.

GLÜCK: Weniger ist mehr. Du brauchst nicht viel Geld, keine tausend „Gefällt mir", keine große Auswahl an Freunden und keinen Besitz. Du brauchst außer dir selbst niemanden, der dir offen und ehrlich sagt, dass du toll bist. Du brauchst deine innere Mitte und ungeheuchelte Eigenliebe. Wenn dir das nicht gelingt, dann solltest du dir vielleicht einfach mal überlegen, ob du nicht irgendetwas ändern solltest.

LIEBE: Liebe mit dem Herzen UND dem Kopf. Versinke nicht blind in Gefühlen, aber blockiere dich nicht selbst durch zu viele Gedanken. Finde eine gesunde Mitte. Wenn es wehtut, ist es keine Liebe. Wer dir etwas anderes erzählt, wird es hoffentlich irgendwann noch kapieren.

LEBEN: Du hast es im Leben geschafft? Bist durch Höhen und Tiefen gegangen? Schön eingerichtete Wohnung? Ein Haus? Ordentlich Besitz angehäuft? Alles hart erarbeitet? Sei dir des Folgenden zu jeder Zeit bewusst: Alles ist vergänglich. Schönheit, Freundschaft, Glück und natürlich das Leben selbst. Genieße, was du hast. Sieh nichts für selbstverständlich an. Behalte im Hinterkopf, dass alle deine Lieben um dich herum eines Tages, vielleicht auch völlig unerwartet, sterben werden und gehe dementsprechend mit ihnen um. Sei heilfroh, dass wir in einer Ecke der Welt leben, in dem wir bis auf Weiteres unsere Kacke auf Knopfdruck mit Trinkwasser wegspülen können. Du kannst deinen Lebensstandard natürlich so hoch halten, wie du möchtest. Aber halte ihn dir zuliebe zumindest gedanklich immer etwas niedriger. Sei nicht verwöhnt, sondern dankbar. Rege dich nicht über Nebensächlichkeiten auf. Erkenne, was Nebensächlichkeiten sind. Echte Probleme brechen dir sonst irgendwann das Genick.

Sei, wer du sein möchtest, nicht wer du sein sollst. Die Gesellschaft drängt einen so schnell in irgendeine Ecke und viele Menschen kommen dabei unabsichtlich auf den Gedanken, dass sie in dieser Gesellschaft einen Platz haben müssen. Einen Scheiß musst du! Es gibt kein „zu schrill", kein „zu abgedreht", kein „zu oft" und auch bestimmt kein „zu merkwürdig". Es gibt nur „zu normal"! Es gibt natürlich auch Menschen, die wollen normal sein. Die fühlen sich im Einheitsbrei wohl. Und das ist natürlich auch völlig in Ordnung. Irgendwo müssen die Einspielergebnisse für die „Fast & Furious" – Filme ja auch herkommen - oder der Erfolg von Mario Barth. Wie sollte man sich denn auch von der Masse abheben, wenn es keine gäbe?

Wenn du jedoch für dich selbst merkst, irgendetwas in deinem Leben fühlt sich nicht richtig an, dann lass dich weder von deinem Umfeld, dem aktuellen Modetrend oder sonstigen Gepflogenheiten davon abhalten, etwas zu ändern. Die Wende, die mein Leben mit meiner Entwicklung schlussendlich genommen hat, erfüllt mich mit einer Zufriedenheit, die ich jedem Menschen von Herzen wünsche.

Naja. Fast jedem.

Neulich besuchten mein Bruder und ich zusammen mit meiner Freundin unsere Oma. Die Sonne schien und wir aßen im Außenbereich einer Gastwirtschaft gemütlich zu Mittag, als uns eine alte, bärtige, stark übergewichtige Frau, die in einem elektrischen Rollstuhl saß, auf die Pelle rückte. Mit einem kritischen, gar verächtlichen Blick musterte sie uns, während sie der Bedienung den Weg versperrte. Auf deren Bitten, den Weg freizumachen, reagierte sie mit einem hämischen Lachen und rührte sich nicht vom Fleck. Oma wohnt in einem kleineren Ort, in dem jeder jeden mehr oder weniger kennt, und so dauerte es nicht lange, bis wir in ein Gespräch verwickelt wurden.

„Na, Sie sind wohl mit Ihren Enkeln hier?"

„Ja, genau" entgegnete Oma.

„Mit ihren stolzen Enkeln!", fügte ich hinzu.

Sie lachte verächtlich.

„Die sehen mir aber nach ganz schönen Raufbolden aus!"

Sie fuhr nun im Schneckentempo noch näher an uns heran.

„Nein, das stimmt nicht", verteidigte uns Oma, „das sind ganz, ganz liebe Jungs!"

„Also, mein großer Enkel hat ja jetzt seinen Meister gemacht!", prahlte die Frau.

Wir verstanden nicht ganz, warum uns das interessieren sollte, blieben aber höflich.

„Das ist doch schön", entgegnete Oma, „ich bin ja der Meinung, wenn man seine Enkel immer gut behandelt, dann entwickeln sie sich auch zu guten Menschen."

„Na, das wage ich zu bezweifeln!" lachte die Frau, während sie uns und unsere Oma noch einmal verächtlich ansah.

Ohne uns in irgendeiner Weise abgesprochen zu haben, hatten mein Bruder und ich im selben Moment dieselbe Antwort parat. Und so entgegneten wir gleichzeitig:

„Halts Maul!"

Gibt es irgendwo noch
mehr von Berny?

https://www.facebook.com/blutundtod

Und von Berny's
Bruder?

http://www.kiesemusic.de

Wer hat eigentlich das
Artwork gemacht?

https://www.facebook.com/eckizeichnet